起重机械安全技术

徐　腾　张兆杰　主编

黄河水利出版社

内容提要

本书是针对起重机械作业人员编写的实用教材，主要内容包括：起重机械分类及主要技术参数，起重机常用基础知识，绳索，起重机具，主要起重机械，起重指挥挂钩安全技术。本书内容通俗易懂、简明扼要、操作性强。

本书可作为起重机械作业人员的培训教材，也可供特种设备管理人员阅读参考。

图书在版编目(CIP)数据

起重机械安全技术/徐腾，张兆杰主编. —郑州：黄河水利出版社，2008.1

ISBN 978-7-80734-260-1

Ⅰ.起… Ⅱ.①徐… ②张… Ⅲ.起重机械-操作-安全技术-技术培训-教材 Ⅳ.TH210.8

中国版本图书馆 CIP 数据核字(2007)第 138976 号

组稿编辑：王路平　电话：0371-66022212　E-mail：wlp@yrcp.com

出 版 社：黄河水利出版社

地址：河南省郑州市金水路 11 号　　邮政编码：450003

发行单位：黄河水利出版社

发行部电话：0371-66026940、66020550、66028024、66022620(传真)

E-mail：hhslcbs@126.com

承印单位：黄河水利委员会印刷厂

开本：787 mm×1 092 mm　1/16

印张：9.25

字数：210 千字　　印数：1—4 100

版次：2008 年 1 月第 1 版　　印次：2008 年 1 月第 1 次印刷

书号：ISBN 978-7-80734-260-1/TH·20　　定价：20.00 元

《起重机械安全技术》读者意见反馈卡

亲爱的读者，读完本书后，请把您的想法填在本卡上，寄给作者，以便修订再版时使本书内容更完善。谢谢您的合作。

您的个人资料

姓名:__________性别:__________

工作单位:____

通讯地址:____

联系电话:办公____________________手机____________________

邮政编码:____________________

1. 您认为哪些章节编写得好?

2. 您认为哪些章节应做哪些修改?

3. 您对本书的意见和建议。

回函请寄:

河南省郑州市中原中路152号河南省锅炉压力容器安全科学检测研究院　张兆杰
邮政编码:450007
联系电话:13703922768　　0371-65928501

前　言

当今世界科学技术飞速发展，工业发展迅猛，生产业的制造、加工、处理等工艺设备越来越大，大型设备吊装起重工艺及起重作业越来越复杂。近几年来，国内外发生过许多重大起重吊装作业事故，造成严重人员伤亡和经济损失。分析其主要原因，大部分是由于对起重吊装不甚了解、违章指挥和操作造成的。我国政府高度重视安全生产工作，采取了一系列措施扼制各种事故的发生。

《起重机械安全技术》是依据国务院《特种设备安全监察条例》第三十九条“锅炉、压力容器、电梯、起重机械、客运索道、大型游乐设施的作业人员及其相关管理人员，应当按照国家有关规定经特种设备安全管理部门考核合格，取得国家统一格式的特种设备作业人员证书，方可从事相应的作业或管理工作”，针对起重机械作业人员编写的实用教材，也可供特种设备管理人员学习参考。本书在编写过程中力求通俗、简明扼要、操作性强。

由于编者水平有限，书中肯定存在缺点和不足，敬请同行批评指正，以便再版时改正。

作　者

2007 年 2 月

目 录

第一章　概　论

第一节　起重机械分类及型号编制

一、起重机械分类

起重机械是一种以间歇、循环方式，通过吊钩或其他吊（夹）具起升，或水平搬移重物的机械设备。

起重机械包括轻小起重设备、起重机和升降机。

轻小起重设备包括千斤顶（螺旋千斤顶、齿条千斤顶、液压千斤顶）、滑车、起重葫芦（手拉葫芦、手扳葫芦、电动葫芦、气动葫芦）、绞车（卷绕式绞车、摩擦式绞车、绞盘）和悬挂单轨系统。起重机的分类，可按起重机构造分类；按起重机的取物装置和用途分类；按起重机的运移方式分类；按起重机工作机构的驱动方式分类；按起重机回转能力分类；按起重机支撑方式分类；按起重机使用场合分类。这些分类分别如图 1-1～图 1-7 所示。

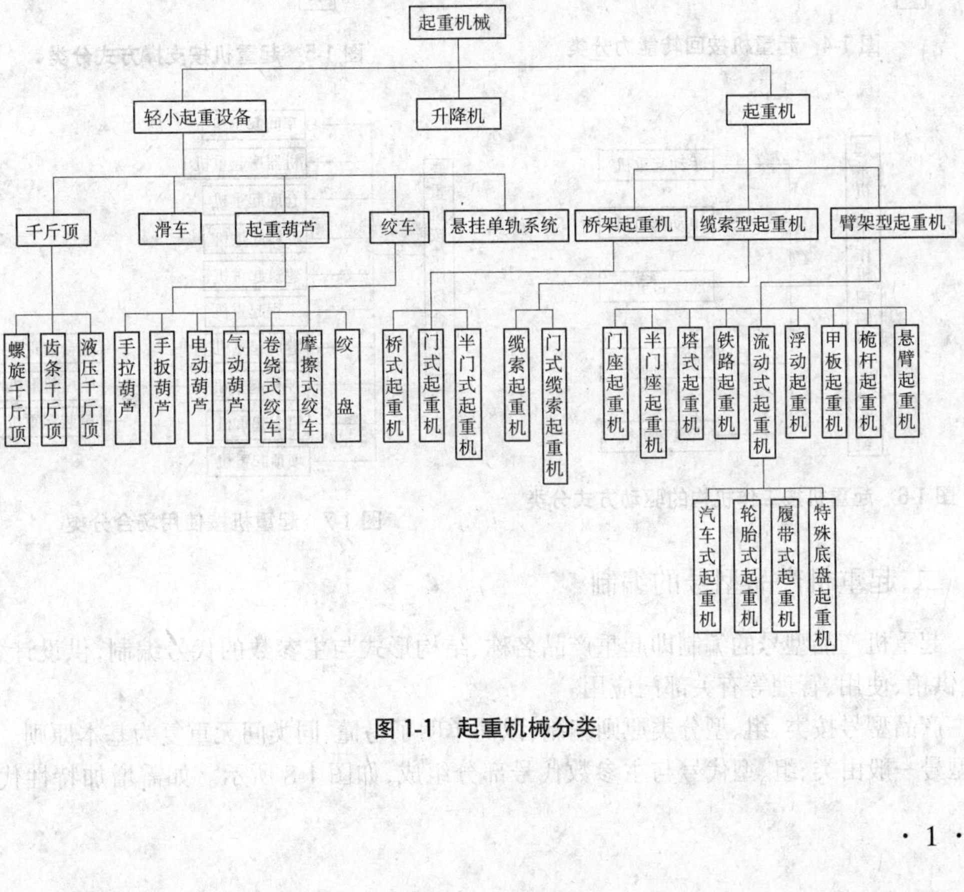

图 1-1　起重机械分类

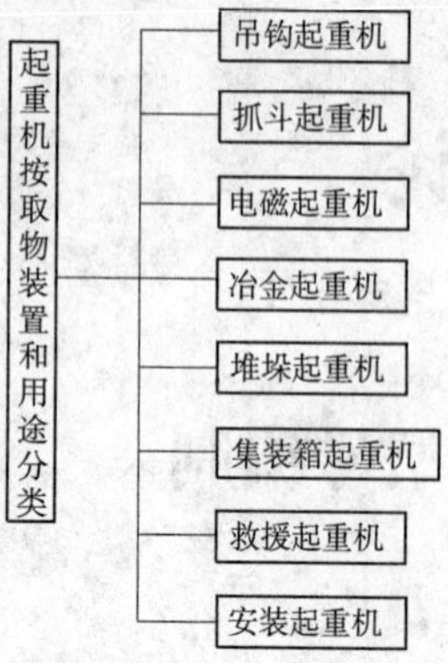

图 1-2　起重机按取物装置和用途分类

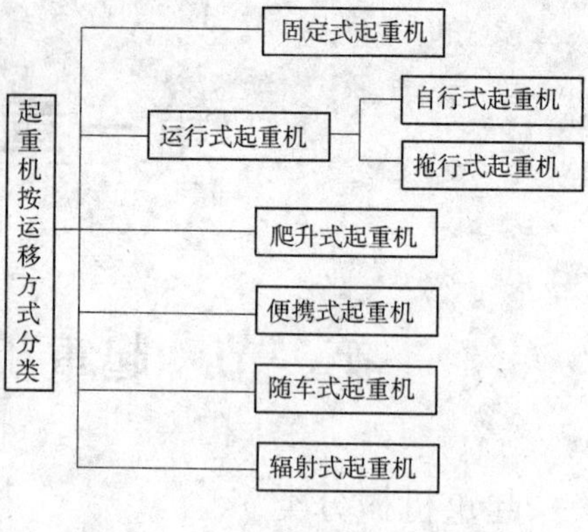

图 1-3　起重机按运移方式分类

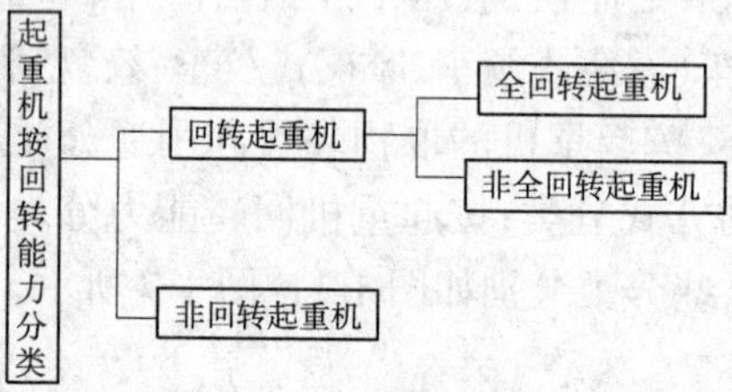

图 1-4　起重机按回转能力分类

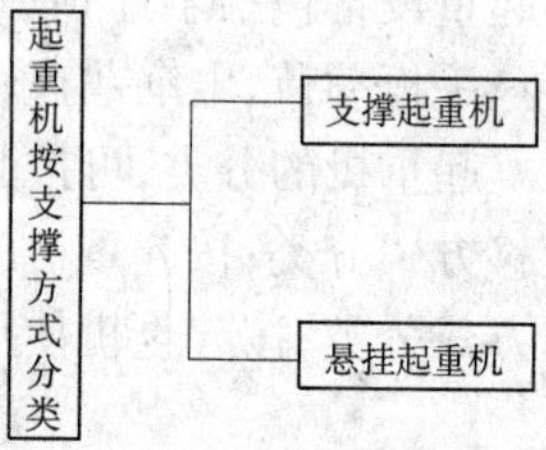

图 1-5　起重机按支撑方式分类

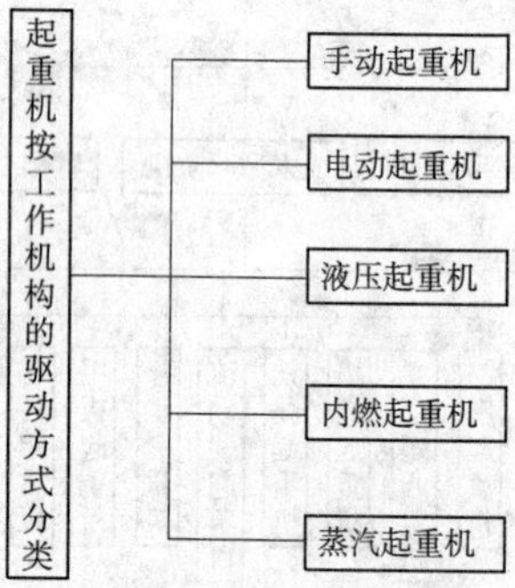

图 1-6　起重机按工作机构的驱动方式分类

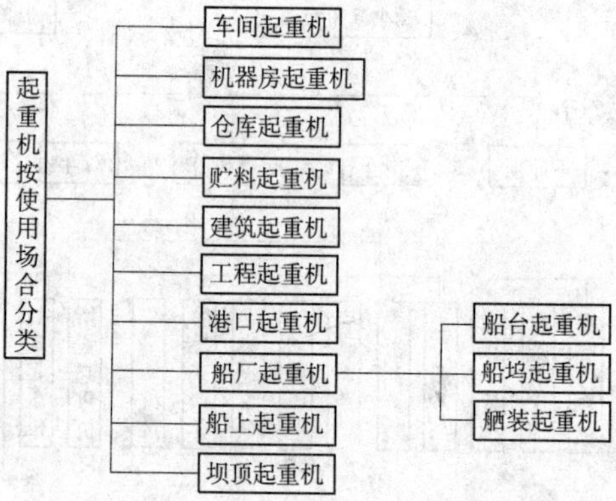

图 1-7　起重机按使用场合分类

二、起重机产品型号的编制

起重机产品型号的编制即起重产品名称、结构形式与主参数的代号编制，供设计、制造、供销、使用、管理等有关部门应用。

产品型号按类、组、型分类原则编制，以简单明了易懂、同类间无重复为基本原则。产品型号一般由类、组、型代号与主参数代号部分组成，如图 1-8 所示。如需增加特性代号时，其特性代号置于类、组、型代号与主参数代号之间。

类、组、型均用大写汉语拼音字母表示。该字母应是类、组、型中代表性的汉语拼音字头，如该字母与其他代号的字母有重复时，也可采用其他字母。

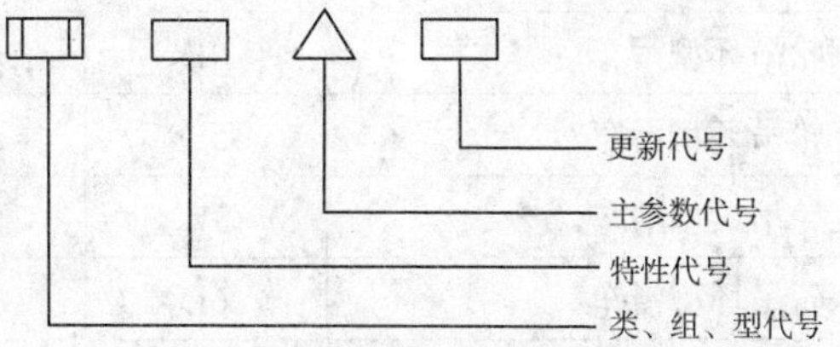

图 1-8　起重机产品型号组成

产品如增添特性代号时，也用有代表性的汉语拼音字母表示，所用字母在各型产品标准中规定。

主参数用阿拉伯数字表示，对各型号产品参数的具体规定见表 1-1。表中未列明主参数代号者留待该产品发展时再补充。

当产品进行更换或结构有重大改革需要重新试制鉴定时，其改进代号按大写汉语拼音字母 A,B,C,…顺序采用，置于原产品型号尾部，以区别于原产品型号。

示例

QD20/5 桥式起重机：表示吊钩桥式起重机主钩是 20 t，副钩 5 t。

HC2-6A 电动葫芦：表示常速钢丝绳电动葫芦，起重量 2 t，起升高度 6 m，第一改进产品。

表 1-1　起重机械代号

类	组	型		类、组、型代号	主参数代号	
		名称	代号		名称	单位
(一)简易起重设备	千斤顶 Q(千)	螺旋千斤顶	L(螺)	QL	起重量	t
		液压千斤顶	Y(液)	QY		
		齿条千斤顶	1.2	Q		
	滑车 H(滑)	单轮开口吊钩型滑车	KG(开钩)	HKG		
		单轮开口链环型滑车	KL(开链)	HKL		
		单轮闭口吊钩型滑车	G(钩)	HG		
(一)简易起重设备	滑车 H(滑)	单轮闭口链环型滑车	L(链)	HL	起重量	t
		双轮吊钩型滑车	2G	H2G		
		双轮链环型滑车	2L(轮)	H2L		
		双轮吊环型滑车	2D(吊)	H2D		
		三轮吊钩型滑车	3G	H3G		
		三轮吊链环滑车	3L	H3L		
		三轮吊环型滑车	3D	H3D		

续表 1-1

类	组	型		类、组、型代号	主参数代号	
		名称	代号		名称	单位
(一)简易起重设备	滑车 H(滑)	四轮吊环型滑车	4D	H4D	起重量	t
		五轮吊环型滑车	5D	H5D		
		五轮吊梁型滑车	5W	H5W		
		六轮吊环型滑车	6D	H6D		
		七轮吊环型滑车	7D	H7D		
		八轮吊环型滑车	8D	H8D		
		八轮吊梁型滑车	8W	H8W		
(二)葫芦 H(葫)	手动葫芦 S(手)	手拉葫芦	—	HS	起重量·起升高度	t·m
		钢丝绳手扳葫芦	S	HSS		
		环链手扳葫芦	H	HSH		
		板链手扳葫芦	B	HSB		
	电动葫芦	常速钢丝绳电动葫芦	C(常)	HC		
		常慢速钢丝绳电动葫芦	M(慢)	HM		
		重级工作电动葫芦	Z(重)	HZ		
		双卷筒电动葫芦	T(筒)	HT		
		防爆电动葫芦	B(爆)	HB		
		防腐电动葫芦	F(腐)	HF		
		环链电动葫芦	H(环)	HH		
		扳链电动葫芦	L(链)	HL		
(三)单轨起重机 G(轨)	手动单轨起重机		S(手)	GS	起重量	t
	电动单轨起重机	吊钩单轨起重机	D(吊)	GD		
		抓头单轨起重机	Z(抓)	GZ		
		电磁单轨起重机	C(磁)	GC		
(四)桥式起重机	手动梁式起重机 L(梁)	手动单梁起重机	S(手)	LS	起重量	t
		手动单梁悬挂起重机	SX(手悬)	LSX		
		手动双梁起重机	SS(手双)	LSS		
		电动单梁起重机	D(单)	LD		
	电动梁式起重机 L(梁)	电动单梁悬挂起重机	X(悬)	LX		
		抓头电动单梁起重机	Z(抓)	LZ		
		吊钩抓斗电动单梁起重机	L	LL		

续表 1-1

类	组	型		类、组、型代号	主参数代号	
		名称	代号		名称	单位
(四)桥式起重机	电动梁式起重机 L(梁)	防爆电动单梁起重机	B(爆)	LB	起重量	t
		防爆电动单梁悬挂起重机	XB(悬爆)	LXB		
		防腐电动梁式起重机	F(腐)	LF		
		电磁电动梁式起重机	C(磁)	LC		
		冶金梁式起重机	Y(冶)	LY		
		电动葫芦双梁起重机	H(葫)	LH		
	电动桥式起重机 Q(桥)	吊钩桥式起重机	D(吊)	QD		
		超卷扬桥式起重机	J(卷)	QJ		
		挂梁桥式起重机	G(挂)	QG		
		电磁挂梁桥式起重机	L	QL		
		双小车桥式起重机	E	QE		
		抓斗桥式起重机	Z(抓)	QZ		
		电磁桥式起重机	C(磁)	QC		
		电磁吊钩桥式起重机	A	QA		
		抓斗吊钩桥式起重机	N	QN		
		抓斗电磁桥式起重机	P	QP		
		三用桥式起重机	S(三)	QS		
		防爆桥式起重机	B(爆)	QB		
		绝缘桥式起重机	Y(缘)	QY		
		慢速桥式起重机	M(慢)	QM		
		带悬臂旋转小车桥式起重机	X(旋)	QX		
(五)堆垛起重机 D(垛)		桥式堆垛起重机	Q(桥)	DQ		
		巷道式堆垛起重机	X(巷)	DX		
(六)冶金起重机 Y(冶)	炼钢用起重机	料箱起重机	X(箱)	YX	起重量	t
		加料起重机	L(料)	YL		
		有轨地上加料起重机	G(轨)	YG		
		铸造起重机	Z(铸)	YZ		
		脱锭起重机	T(脱)	YT	脱锭力	t

续表 1-1

类	组	型		类、组、型代号	主参数代号	
		名称	代号		名称	单位
(六)冶金起重机 Y(冶)	轧钢用起重机	揭盖起重机	J(揭)	YJ	起重量	t
		火钳起重机	Q(钳)	YQ		
		刚性料耙起重机	P(耙)	YP		
		挠性料耙起重机	N(挠)	YN		
		板环夹钳起重机	B(板)	YB		
		旋转电磁起重机	C(磁)	YC		
	热加工用起重机	锻造起重机	D(锻)	YD		
		猝火起重机	H(火)	YH		
(七)龙门起重机及装卸桥 M(门)	龙门起重机	吊钩龙门起重机	G(钩)	MG	起重量	t
		抓斗龙门起重机	Z(抓)	MZ		
		电磁龙门起重机	C(磁)	MC		
		三用龙门起重机	S(三)	MS		
		半龙门起重机	B(半)	MB		
		集装箱龙门起重机	J(集)	MJ		
		电动葫芦龙门起重机	H(葫)	MH		
		水电站用单吊点式龙门起重机	D(吊)	MD		
		水电站用双吊点式龙门起重机	E	ME		
		船坞龙门起重机	U(坞)	MU		
	装卸桥	装卸桥	Q(桥)	MQ		
		集装箱装卸桥	X(箱)	MX		
(八)臂架起重机 B(臂)		定柱式旋臂起重机	Z(柱)	BZ	起重量	t
		壁行式起重机	B(壁)	BB		
		壁式旋臂起重机	X(旋)	BX		
		随车起重机	S(随)	BS		
(九)升船机	垂直升船机 C(垂)	平衡重式垂直升船机	P(平)	CP	载重量	t
		卷扬式垂直升船机	J(卷)	CJ		
		浮筒式垂直升船机	F(浮)	CF		
		液压垂直升船机	Y(液)	CY		
		潜没式垂直升船机	M(没)	CM		
	斜面升船机 X(斜)	平衡重式斜面升船机	P(平)	XP		
		卷扬式斜面升船机	J(卷)	XJ		
		水波式斜面升船机	S(水)	XS		

第二节　起重机主要技术参数

起重机的技术参数表征起重机的作业能力，是设计起重机的基本依据，也是所有从事起重作业人员必须掌握的基本知识。起重机的主要技术参数有起重量、起升高度、跨度（属于桥式类型起重机）、幅度（属于臂架式起重机）、机构工作速度等。

一、起重量

起重量 G 是被起升重物的质量。常用的参数如下：

(1)额定起重量 G_n，指起重机允许吊起的重物或物料质量，连同可分吊具（或属具）质量的总和（对于流动式起重机，包括固定在起重机上的吊具）。对于幅度可变的起重机，根据幅度规定起重机的额定起重量。

(2)总起重量 G_t，指起重机能吊起的重物或物料，连同可分吊具上的吊具或属具（包括吊钩、滑轮组、起重钢丝绳，以及在臂架或起重小车以下的其他吊物）的质量总和。对于幅度可变的起重机根据幅度规定总质量。

(3)最大起重量 G_{max}，指起重机正常工作条件下，允许吊起的最大额定起重量。

(4)有效起重量 G_p，指起重机能吊起的重物或物料的净重量。对于幅度可变的起重机，根据幅度规定有效起重量。

起重量单位是吨(t)，表 1-2 所列为起重量系列标准。

表 1-2　起重量系列标准　（单位：t）

起重量	0.05	0.10	0.25	0.50	0.80	1.00	1.25	1.5	2	2.5	3
起重量	4	5	6	8	10	12.5	16	20	25	32	40
起重量	50	63	80	100	125	140	160	180	200	225	250
起重量	280	320	360	400	450	500					

二、起升高度

起升高度 H，即起重机水平停车面至吊具允许最高位置的垂直距离，对吊钩和货叉算至它们的支撑表面，对于其他吊具，算至它们的最低点（闭合状态）。

对于桥式起重机，应是空载置于水平轨道上，从地面开始测定起升高度。起升高度单位是米(m)。

下降升度 h，指吊具的最低工作位置与起重机的水平支撑面之间的垂直距离。对于吊钩和货叉，从其支撑面算起；对于其他吊具，从其最低点算起（闭合状态）。下降升度单位是米(m)。

起升范围 D，指吊具最高和最低工作位置之间的垂直距离（$D = H + h$）。

三、跨度

桥架型起重机支撑中心线之间的水平距离称为跨度 S。

四、幅度

幅度 L，即起重机置于水平场地时，空载吊具垂直中心线至回转中心线之间的水平距离(非回转浮式起重机为空载吊具垂直中心线至船艏护木的水平距离)。

最大幅度 L_{max}，起重机工作时，臂架倾角最小或小车在臂架最外极限位置时的幅度。

最小幅度 L_{min}，起重机工作时，臂架倾角最大或小车在臂架最内极限位置时的幅度。

五、轨距或轮距

轨距或轮距 K，对于臂架型起重机，为轨道中心线或起重机行走轮踏面(或履带)中心线之间的水平距离；对于铁路起重机为运行线距两钢轨头部顶面下内侧面 16 mm 处的水平距离；对于起重小车，为小车轨道中心线之间的距离。起重机两侧为双轨线路时，轨距为双轨几何中心线之间的距离。

六、起重臂倾角

在起升平面内，起重臂纵向中心线与水平线的夹角为起重臂倾角 α，一般在 25°～75°之间。

七、机构工作速度

(1)起升(下降)速度 V_n，稳定运动状态下，额定载荷的垂直位移速度，单位是m/min。

(2)最小下降速度 V_m，稳定运动状态下，安装或堆垛最大额定载荷时的最小下降速度。

(3)回转速度 ω，稳定运动状态下，起重机转动部分的回转角速度。规定为在水平地面上，离地 10 m 高度处，风速小于 3 m/s 时起重机幅度最大，且带额定载荷时的转速。

(4)起重机(大车)运行速度 V_k，稳定运动状态下，起重机运行的速度。规定为在水平路面(或水平轨面)上，离地 10 m 高度处，风速小于 3 m/s 时的起重机带额定载荷时的运行速度。

(5)小车运行速度，稳定运动状态下，小车的运行速度。规定为离地 10 m 高度处，风速小于 3 m/s 时，带载荷的小车在水平轨道上的运行速度。

(6)变幅速度，稳定运动状态下，额定载荷在变幅平面内水平位移的平均速度。规定为离地 10 m 高度处，风速小于 3 m/s 时，起重机在水平路面上，幅度从最大值至最小值的平均速度。

第三节　起重吊装作业安全重要性

起重技术的发展，推动了起重安全技术的进步。起重作业安全技术是工业安全技术的重要组成部分，也是一门正在发展的并与多种学科交叉的分支学科。各行业要广泛发动起重作业人员，认真钻研安全技术，不断提高安全技术水平及实际操作技能，提高自我保护能力，开展起重作业事故预测和预防工作，把事故消灭在萌芽状态。

目前,我国的安全生产工作正在经历着深刻的变化,施工和起重吊装单位安全生产工作面临着新的挑战和机遇,对安全生产工作提出了越来越高的要求。经济的全球化、现代化的大生产,特别是工业生产高度自动化、连续化及装备高速、高能量储备、高参数运行和大型化的特点,给安全生产带来了艰巨性和复杂性。当代生产过程中的事故往往具有突发性、社会性和灾难性,使安全生产显得更加迫切和重要。近几年来,国内外发生过多次重大起重吊装作业事故,造成严重的人员伤亡和经济损失,分析其主要原因,大部分是对起重吊装作业不甚了解、违章指挥和违章操作造成的。因此,要高度重视起重吊装安全工作,千万不能麻痹大意。

重大大型起重吊装事故一般伤亡巨大,损失惨重。

(1)大型造船龙门吊大梁吊装坠毁。某造船厂安装大型龙门吊过程中,在吊装龙门吊大梁(2 000 余 t)时,由于调整钢丝绳受力不均衡,指挥操作失误,发生特大恶性事故,造成 2 000 余 t 的大梁坠落毁坏、大型吊装机具损失破坏,导致多人伤亡,其中 10 余名是吊装专业的教授、博士、高工等科技、教学、研究方面的精英,他们在大梁上面指挥协调操作时,随大梁从 50 多 m 高处坠下而引起伤亡事故。

(2)直升机吊装火炬头机毁人亡。某石化公司在安装放空火炬烟囱过程中,采用“直升机吊装火炬头”的方法,在火炬头吊装就位后摘除吊装索具时,由于指挥操作失误,发生吊装索具与飞机碰撞,飞机坠毁,造成死伤多人的恶性事故。

(3)大型吊车吊装设备吊耳断裂。某石化公司在安装大型设备时,采用“500 t 吊车吊装加氢反应器”的方法,在吊装过程中,由于指挥操作失误、设备吊耳受力不均,导致吊耳撕裂,发生反应器坠落砸坏吊车的重大事故。

(4)吊车吊塔失稳摔毁。某石化公司在改扩建时,边生产、边施工,采用改造过的“580 t吊车”吊装焦炭塔,在吊装过程中,由于指挥操作失误,吊车失稳,发生设备和吊车摔毁、死伤多人的恶性事故,还险些造成旁边正在运行的生产装置发生爆炸燃烧的灾难性事故。

大型吊装事故令人触目惊心,使我们更加认识到起重吊装作业安全的重要性。

第四节　起重吊装作业的发展

在古代社会,人们在生产劳动中就创造了很多简单的起重吊装方法,制造了许多起重吊装设备。早在 3 700 年前的商代时期,人们就创造了用于吸水的桔槔,这是由杠杆、配重及吊桶构成的简单的起重吊装设备(也就是现在常用的杠杆)。明代科学家宋应星于公元 1637 年在他的著作《天工开物》中对古代采煤起重吊装方法作了详细形象的记载:人们用手摇绞车——辘轳从很深的煤井里把装在竹篮中的煤提到地面上来。到了 18 世纪,随着生产的发展,起重吊装作业越来越多,起重吊装机械得到了发展。进入 19 世纪,由于蒸汽机和电力的出现,促进了起重吊装机械的进一步发展。

20 世纪,起重吊装设备在工业生产中被广泛采用,并成为生产工艺与操作过程中不可缺少的机械设备。新中国成立后,我国开始制造起重吊装机械。20 世纪 50 年代,起重吊装作业中出现了金属桅杆、重型金属桅杆和整体组合吊装技术。60 年代,起重吊装技术有了新的发展,创造了四桅杆组合吊装重400余t设备的先进技术。70年代,进入了特大吨位塔类设备综合整体吊装及特重型金属桅杆结构运用的新阶段。新型起重吊装设备的诞生和先进起重吊装技术的出现是和工业迅速发展同步进行的。80年代以来,起重吊装在国民经济中已占有重要地位,起重吊装作业在设备安装工作中占有相当大的比重,占安装总工期的1/3以上。尤其是设备大型化的出现,设备整体质量大大增加,因而起重吊装技术又得到了发展。我国一些大中城市及沿海港口、码头,已采用集装箱进行吊装运输,随着大型造船业的发展,并开始使用与之相匹配的起重吊装运输机械,这把我国起重吊装作业机械化、大型化向前推进了一步。

随着科学技术的发展,起重吊装作业在各行业中也越来越多,越来越复杂,工业的快速发展,也使制造业、生产业的设备越来越大,起重吊装作业也向着大型化、机械化、自动化方向发展。

(1)大型吊车吊装。国内外工厂化制造,使小装置成为一个单体设备,有些大型生产设备,吨位很大,有数千吨的设备,也就有了数万吨级的吊车。目前德国德玛格(DEMAG)公司已生产出6万t级(吊重2 500 t)吊车,国内建筑市场也有500~1 200 t大型吊车在频繁使用。据了解,近几年石化企业在沿海某厂引进大型装置,其中有2 000 t级的整体设备,国外公司总承包的工程项目提倡使用大型吊车吊装,这就需用2台以上、2 000 t级以上的大型吊车完成。这也是对国内大型吊装市场在经济实力方面的一个严峻考验。

(2)自动监测及控制系统。在大型复杂的吊装作业中,起重机索具的受力监测和控制非常重要,目前广泛使用的应力应变电测系统将会与计算机相结合,使之成为自动监测和控制系统。据了解,目前国内尚无大吨位(数十吨以上)、自动化程度高、便携易移位、操作方便的钢丝绳受力检测和控制设备。

(3)机索具轻小型化,减轻繁重危险的体力劳动。材料的再开发及合理利用,使起重吊装作业的机索具轻小型化和合理化是可行的,如日本已采用合成材料滚杠代替直径80 mm的圆钢滚杠。进口卷扬机体积小、自重轻、起重能力大。危险部位的作业可用机器人加以完成。

(4)液压提升吊装方法。国内近几年兴起的液压提升设备,使吊车或桅杆不能解决的大型吊装作业用此方法完成。

(5)吊装方案软件的开发利用。利用计算机完成复杂的吊装设计、计算以及吊装过程的监测与控制,利用互联网络交流吊装新工艺、新技术、新设备等,目前已在国内外广泛运用。

(6)吊装平衡装置。根据被吊设备和吊装机具及现场情况,通过分析计算,设计专用或通用吊装平衡装置,使得吊装机索具在受力状态下,自行调整各部受力,使其自动均衡,避免人为判断、指挥、操作失误。常用的吊装平衡梁装置和串穿装机索具的方法,都可以达到均匀、平衡的目的。

第二章　起重机常用基础知识

第一节　力学基础知识

一、力的性质

（一）力的概念

我们在推车或提水时都需要用力，物体（车或水）都受到力的作用；同理，起重机吊运物体时，起重机对物体产生了力的作用。其效果表现为它的运动状态的改变，即车被推动，水被提升，物体被吊起。上述物体运动状态的改变可以认为是物体受到力的作用而引起的，但有时力是看不见的，我们可以通过观察力所产生的效果来证实力的存在。日常生活中所说的推、提、拉、压等，都是用来说明物体受力的依据。

综上所述，可以认为，力是物体之间的作用，或者说力就是一个物体对另一个物体的作用。这种作用引起物体运动状态的变化或使物体发生变形。

（二）力的三要素

实践证明，力对物体的作用效果是由力的大小、方向、作用点这三个要素决定的。其中改变任何一个要素，力的作用效果就因此改变。

（三）作用力和反作用力

仍以推小车为例。推车时，我们通过手给车一个作用力，车子就运动起来了。手上有受力的感受，说明车子对手有一个作用力，这就是反作用力。作用力和反作用力是同时存在的，而且它们大小相等，方向相反，作用在同一条直线上。

（四）力的单位

国际单位制，力的单位是牛顿，简称牛，国际符号是 N。

目前在工程中，仍采用工程单位制，以千克力(kgf)或吨力(tf)作为力的单位。它们的换算关系是：1 千克力(kgf) = 9.8 牛(N)≈10 牛(N)。

二、力的合成与分解

（一）力的合成

当一个物体同时受到几个力的作用时，可以找到这样一个力：它作用在该物体上所产生的效果和原来几个力共同作用的效果相同，这个力就叫做原来那几个力的合力。求几个已知力的合力的方法叫做力的合成。

（二）力的分解

一个已知力作用在物体上产生的效果可以用两个或两个以上同时作用的力来代替，那么这几个力就叫做原来那一个力的分力。求已知力的分力的方法叫做力的分解。

(三)力的平衡

在两个或两个以上力系的作用下,物体保持静止或做匀速直线运动状态,这种状态就叫做力的平衡。几个力平衡的条件是它们的合力等于零。

在起重吊装作业中,保持力的平衡,对安全生产关系重大。防止因为力的不平衡造成被吊运的物体翻转、倾覆、失控,是安全技术的重要问题。在重物起吊过程中,只有被吊构件上的力保持平衡或匀速运动状态,才能保持其稳定。

三、重力和重心

(一)重力和重量

在地面附近的物体,都受到地球对它的作用力,其方向垂直向下(指向地心),这种作用力叫做重力。物体受到的重力的大小称为该物体的重量。重量随高度或纬度变化而有微小差别。

(二)重心

物体的重心,就是物体上各个部分重力的合力作用点。无论怎样放置,物体重心的位置是固定不变的。

(三)物体重心的确定方法

(1)对于具有规则几何形状、材质均匀分布的物体,其物体重心就是该几何体的几何中心。如球的重心就是球体的球心;三角形薄板的重心在其三条中线的交点上;圆柱体的重心在轴线的中心点上等。

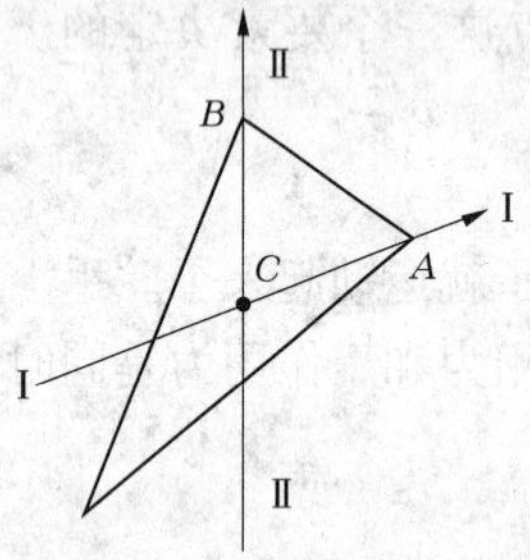

图 2-1　物体重心的实测法简图

(2)形状复杂、材质均匀分布的物体,可以把它分解成若干个规则几何体,确定各个部分的重量及其重心位置的坐标,然后计算整个物体的重心位置坐标值,来确定其重心位置。

(3)物体重心的实测法,对于材质不均匀的不规则几何形体的重心,可用悬吊法求得重心位置,如图 2-1 所示。先选定 A 点为吊点将物体吊起,得物体重力作用线Ⅰ—Ⅰ,再旋转任一角度选 B 点为吊点亦把物体吊起,得物体重力作用线Ⅱ—Ⅱ,Ⅰ—Ⅰ与Ⅱ—Ⅱ两线的交点 C 即为整个物体的重心位置。

四、物体重量的计算

物体的重量是由物体的体积和它本身的密度所决定的。为了正确计算物体的重量,必须掌握物体体积的计算方法和各种材料密度等有关知识。

(一)物体体积

物体的体积大体可分两类,即规则几何形体和若干规则几何形体组成的复杂形体两种。对于简单规则的几何形体的体积计算,可直接由表 2-1 所列的计算公式查取;对于复杂的物体体积,可将其分解成数个规则的或近似的几何形体,再查表 2-1 并按相应的计算公式计算其体积的总和。

表 2-1　各种几何形体体积计算公式

名　称	图　形	公　式
立方体	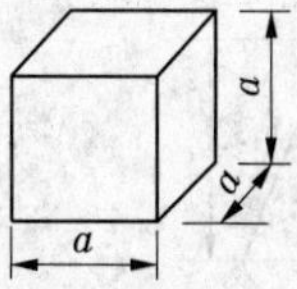	$V = a^3$
长方体	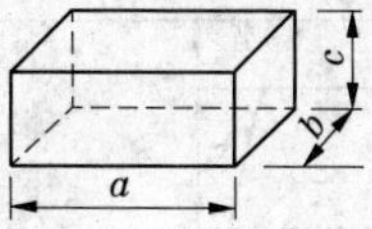	$V = abc$
圆柱体	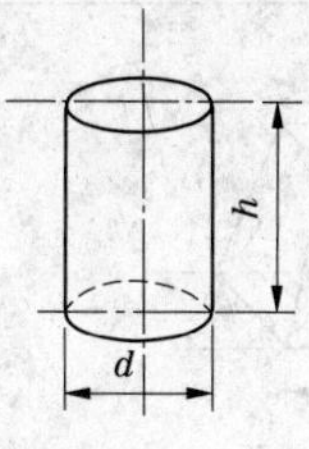	$V = \frac{\pi}{4} d^2 h$ 或 $V = \pi R^2 h$ R—— 半径
空心圆柱体	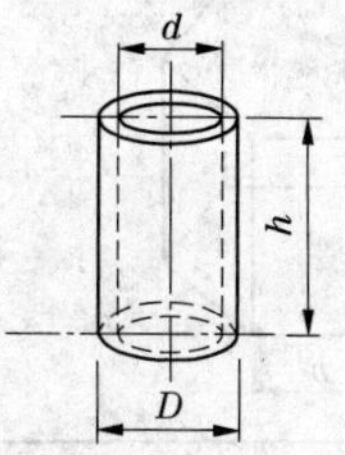	$V = \frac{\pi}{4}(D^2 - d^2)h$ 或 $V = \pi(R^2 - r^2)h$ r、R—— 内、外半径
斜截正圆柱体	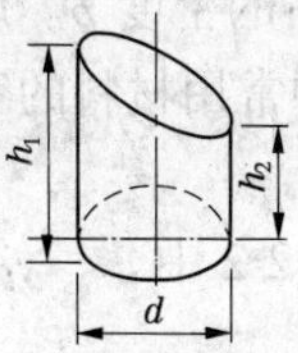	$V = \frac{\pi}{4} d^2 \frac{(h_1 + h_2)}{2}$ 或 $V = \pi R^2 \frac{(h_1 + h_2)}{2}$ R—— 半径
球　体	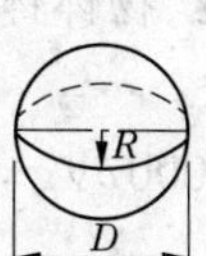	$V = \frac{4}{3}\pi R^3$ R—— 底圆半径

续表 2-1

名　　称	图　　形	公　　式
圆锥体	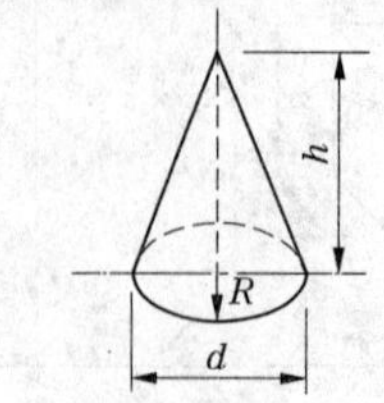	$V = \frac{\pi}{3}R^2h$ R—— 底圆半径 h—— 圆锥的高
任意三棱体	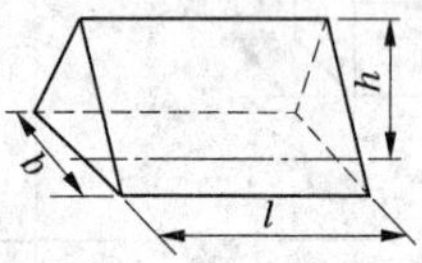	$V = \frac{1}{2}bhl$
截头方锥体	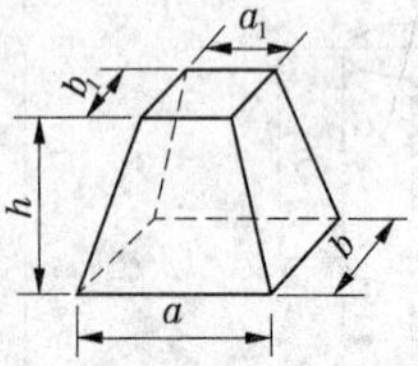	$V = \frac{h}{6}[(2a + a_1)b +$ $(2a_1 + a)b_1]$
正六角棱柱体	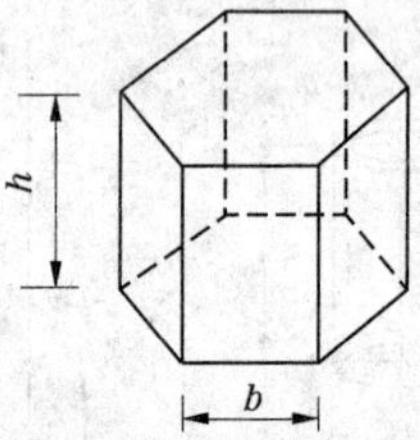	$V = 2.598b^2h$ $\approx 2.6b^2h$

(二)材料的密度

计算物体的重量时,必须知道物体材料的密度 ρ。所谓密度,就是指某种物质材料的单位体积所具有的质量,表 2-2 所列为几种常用材料的密度。

材料密度的计量单位是 g/cm^3。

对于散粒物体,采用堆密度,亦列于表 2-2 中。

(三)物体重量

物体的重量等于构成该物件材料的密度、物体体积和重力加速度的乘积,其表达式为:

$$G = 1\,000\rho Vg \tag{2-1}$$

式中　G——物体重量,N;

ρ——物体材料密度,t/m^3;

V——物体体积,m^3;

g——重力加速度，取 $g=9.8\ m/s^2$。

表 2-2　几种常用材料的密度

材料名称	密度(t/m^3)	材料名称	密度(t/m^3)
水	1.00	煤油	0.8
钢	7.85	煤	0.6～0.8
铸铁	7.4～7.7	焦炭	0.36～0.53
钢、镍	8.9	煤灰	0.7
铅	11.34	造型土	0.8～1.3
铝	2.7	石灰石	1.2～1.5
木材	0.5～0.7	水泥	0.9～1.6
混凝土	2.4	铁矿	1.2～2.5

第二节　电学基础知识

一、基本概念

(1)导体：容易让电流通过的物体称为导体。一般是指电阻率在 $10^{-8}\sim10^{-9}\Omega\cdot mm^2/m$ 之间的物体，如钢、铁等金属材料均属导体。

(2)绝缘体：不容易让电流通过的物体称为绝缘体。一般是指电阻率大于 $10^9\ \Omega\cdot mm^2/m$的物体，如塑料、木材、橡胶等。

(3)半导体：介于导体和绝缘体之间的物体称为半导体。

二、直流电基础知识

(1)电流：电荷的定向流动形成电流。

(2)稳恒电流：电流的大小和方向都不随时间而改变的电流称为稳恒电流。

(3)直流电：电流流动的方向不随时间而改变的电流称为直流电流，简称直流电。

(4)电流强度：通过导体横截面的电量与通过这些电量所耗用时间之比，称为电流强度。其表示符号为 I，单位为安培(A)。

(5)电阻：导体对电流的阻碍作用称为电阻，用符号 R 表示，单位为欧姆(Ω)。电阻的大小与导体的材料和几何形状有关。

(6)电压：在电场中两点之间的电势差(又称电位差)叫做电压，用符号 U 表示。它表示电场力把单位正电荷从电场中的一点移到另一点所做的功，其方向为电动势的方向。电源加在电路两端的电压称为电源的端电压，单位为伏特(V)。

(7)电动势：把单位正电荷从电源负极经电源内部移到正极时所做的功称为电源的电动势。电动势的方向是由负极经电源内部指向正极。电动势是描述电源性质的物理量，用来表示这个电源将其他形式能量转换为电能本领的大小。

(8)电源：凡能把其他形式能量转换为电能的装置均称为电源，电源有正负极各一个。

(9)电功：电流通过导体时所做的功称为电功，用符号 W 表示。电功的大小表示电能转换为其他形式能量的多少。在数值上等于加在导体两端的电压 U、流经导体的电流 I 和通电时间 t 三者的乘积。

(10)电阻率：把 1 m 长截面为 1 mm^2 导体所具有的电阻值称为该导体的电阻率，电阻率用 P 表示，其单位为 $\Omega \cdot mm^2/m$。

(11)直流电的计算。

①电流的计算：

$$I = U/R \tag{2-2}$$

式中 I——电流强度，A；

U——电压，V；

R——电阻，Ω。

②电功计算：

$$W = IUt \tag{2-3}$$

式中 W——电功，J；

U——端电压，V；

t——通电时间，s；

I——电流强度，A。

在电力工程中，电功常用千瓦时(kWh)为单位，通常所说的 1 度电，就是功的概念，千瓦时与焦耳(J)的关系为：

$$1\text{ 度电} = 1\text{ kWh} = 1\,000\text{ W} \times 3\,600\text{ s} = 3.6 \times 10^6\text{ J}$$

③电功率计算：

$$P = W/t = IU \tag{2-4}$$

式中 P——电功率，W。

$$1\text{ W} = 1\text{ J/s} = 1\text{ A} \times 1\text{ V}$$

$$1\text{ kW} = 1\,000\text{ W}$$

三、交流电基础知识

(1)交流电：电流的大小和方向都随时间作周期变化的电流称为交流电。通了交流电的电路称为交流电路。

(2)频率：交流电正弦量每秒变化的次数叫做正弦量的频率，单位为赫兹(Hz)，用符号 f 表示。

(3)周期：正弦交流电变化一周所需要的时间称为正弦交流电的周期，单位为秒(s)，用符号 T 表示。

(4)频率与周期的关系：$f = 1/T$。我们日常的市电，其频率为 50 Hz，即每秒 50 周，周期为 0.02 s。周期和频率都是描述交流电随时间变化快慢程度的物理量。

(5)三相交流电：一个发电机同时发出峰值相等、频率相同、相位彼此相差 $2\pi/3$ 的三个交流电，称为三相交流电(三相电)。三相电的每一相，就是一个交流电。

(6)三相交流电源:我国各工矿企业广泛采用电压为 380 V、频率为 50 Hz 的三相四线制供电系统,即三相交流电源。如图 2-2 所示,发电机绕组做星形连接,$a-A$、$b-B$、$c-C$即为三条相线(火线),$(x、y、z)-O$ 即为零线(地线)。

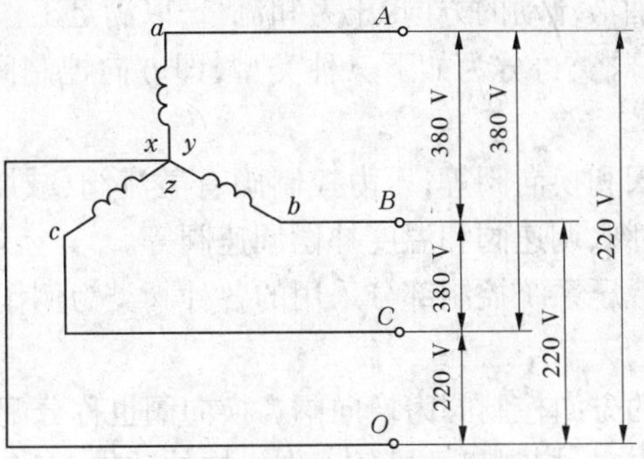

图 2-2 三相交流电源示意

(7)线电压:相线与相线之间的电压称为线电压。在 380 V、50 Hz 的三相四线制的供电系统中,线电压值为 380 V。

(8)相电压:相线与零线之间的电压称为相电压。在 380 V、50 Hz 的三相四线制的供电系统中,相电压值为 220 V。

第三节 液压传动基础知识

用液压介质作为工作介质,主要以液压压力来进行能量传递的传动系统称为液压传动系统。

液压介质主要是水或油,起重机液压系统传递能量的工作介质是液压油,液压油同时还肩负着摩擦部位的润滑、冷却和密封等作用,常用的液压油有 20 号液压油、30 号液压油和 40 号液压油。

液压传动系统一般由动力、控制、执行(工作)和辅助等四部分组成。

一、动力部分

液压系统中动力部分的主要液压元件是油泵,它是能量转换装置。通过油泵把发动机(或电动机)输出的机械能转换为液体的压力能,此压力能推动整个液压系统工作并使机构运转。

液压系统常用的油泵有齿轮泵、柱塞泵、叶片泵、转子泵和螺栓泵等,其中汽车起重机采用的油泵主要是齿轮泵,还有柱塞泵等。

(1)齿轮泵。它是由装在壳体内的一对齿轮所组成。根据需要齿轮油泵设计有二联或三联油泵,各泵有单独或共同的吸油口及单独的排油口,分别给液压系统中各机构供压力油,以实现相应的动作。

(2)柱塞泵。它有轴向柱塞泵和径向柱塞泵之分。这种油泵的主要组成部分有柱塞、柱塞缸、泵体、压盘、斜盘、传动轴及配油盘等。

二、控制部分

液压系统中的控制部分主要由不同功能的各种阀类所组成，这些阀类的作用是用来控制和调节液压系统中油液流动的方向、压力和流量，以满足工作机构性能的要求。根据用途和工作特点的不同，阀类可分为如下三种类型，即方向控制阀、压力控制阀和流量控制阀。

方向控制阀有单向阀和换向阀等；压力控制阀有溢流阀、减压阀、顺序阀和压力继电器等；流量控制阀有节流阀、调速阀和温度补偿调速阀等。

以下以汽车起重机液压系统控制部分采用的各种阀类为例作一介绍。

（一）方向控制阀

汽车起重机常采用的方向控制阀为换向阀。换向阀也称分配阀，属于控制元件，它的作用是改变液压的流动方向，控制起重机各工作机构的动作，多个换向阀组合在一起称为多联阀，起重机下车常用二联阀操纵下车支腿，上车常用四联阀，操纵上车的起升、变幅、伸缩、回转机构。换向阀主要由阀芯和阀体两种基本零件组成，改变阀芯在阀体内的位置，油液的流动通路就发生变化，工作机构的运作状态也随之改变。

（二）压力控制阀

汽车起重机常用的压力控制阀为平衡阀和溢流阀。

平衡阀是控制元件，它安装在起升机构、变幅机构、伸缩机构的液压系统中，防止工作机构在负载作用下产生超速运动，并保证负载可靠地停留在空中。平衡阀是保证起重机安全作业不可缺少的重要元件，其构造由主阀芯、主弹簧、导控活塞、单向阀、阀体、端盖等组成。主阀芯的开启受导控活塞的控制。主阀弹簧一般为固定式，也有的为可调式。通过调整端盖上的调节螺钉来改变平衡阀的控制压力。

溢流阀属于控制元件，它是液压系统的安全保护装置，可限制系统的最高压力或使系统的压力保持恒定，起重机使用的溢流阀是先导式溢流阀，主要由主阀和导阀两部分组成。主阀随导阀的启闭而启闭，主阀部分有主阀芯、主阀弹簧、阀座等，导阀部分有导阀、导阀弹簧、阀座、调整螺钉等，当系统压力高于调定压力时，导阀开启少量回油。由于阻尼作用，主阀下方压力大于上方压力，主阀上移开启，大量回油，使压力降至调定值，转动调节螺钉即可调整系统工作压力的大小。

（三）流量控制阀

汽车起重机常采用的流量控制阀为液压锁，液压锁又叫液控单向阀，是控制元件。它安装在支腿液压系统中，能使支腿油缸活塞杆在任意位置停留并锁紧，支撑起重机，也可以防止液压管路破裂可能发生的危险，凡是支腿油缸都装有液压锁。它主要由阀体、柱塞和两个单向阀组成，柱塞可左右移动，打开单向阀。

三、工作执行部分

液压传动系统的工作执行部分主要是靠油缸和液压马达（又称油马达）来完成，油缸和液压马达都是能量转换装置，统称液动机。

下面以汽车起重机用油缸和液压马达为例作简要介绍。

(一)油缸

油缸是执行元件,它将压力能转变为活塞杆直线运动的机械能,推动机构运动,变幅机构、伸缩机构、支腿等均靠油缸带动。油缸由油缸筒、活塞、活塞杆、缸盖、导向套、密封圈等组成。

(二)液压马达

液压马达又称油马达,是执行元件。它将压力能转变为机械能,驱动起升机构和回转机构运转。起重机上常用的油马达有齿轮式马达和柱塞式马达。轴向柱塞式油马达因其容积效率高、微动性能好,在起升机构中最为常用。油马达与油泵互为可逆元件,构造基本相同,有些柱塞马达与柱塞泵完全相同,可互换使用。

四、辅助部分

液压系统的辅助部分是由液压油箱、油管、密封圈、滤油器和蓄能器等组成。它们分别起储存油液、传导液流、密封油压、保持油液清洁、保持系统压力、吸收冲击压力和油泵的脉冲压力等作用。

五、液压系统的基本回路

(一)调压回路

调压回路的作用是限定系统的最高压力,防止系统的工作超载。图 2-3 所示为起重机主油路调压回路,它是用溢流阀来调整压力的,由于系统压力在油泵的出口处较高,所以溢流阀设在油泵出油口侧的旁通油路上,油泵排出的油液到达 A 点后,一路去系统,一路去溢流阀,这两路是并联的,当系统的负载增大油压升高并超过溢流阀的调定压力时,溢流阀开启回油,直至油压下降到调定值时为止。该回路对整个安全系统起保护作用。

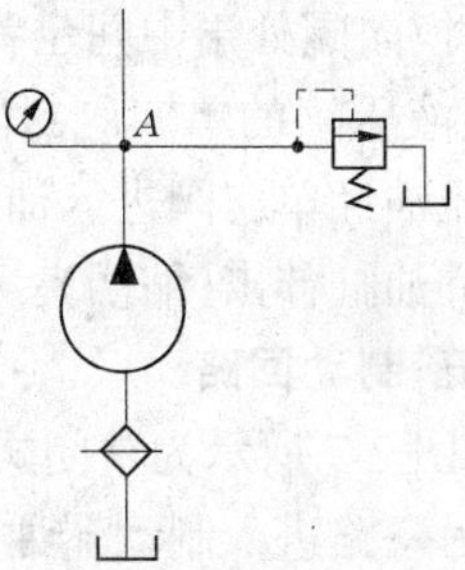

图 2-3　起重机主油路调压回路

(二)卸荷回路

当执行机构暂不工作时,应使油泵输出的油液在极低的压力下流回油箱,减少功率消耗,油泵的这种工况称为卸荷。卸荷的方法很多,起重机上多用换向阀卸荷,如图 2-4 所示为利用滑阀机能的卸荷回路,当执行机构不工作时,三位四通换向阀阀芯处于中间位置,这时进油口 P 与回路口 O 相通,油液流回油箱卸荷,图中 M、H、K 型滑阀机都能实现卸荷。

(三)限速回路

限速回路也称为平衡回路,起重机的起升马达、变幅油缸在下降过程中,由于载荷与自重的重力作用,有产生超速的趋势,运用限速回路能可靠地控制其下降速度。如图 2-5 所示为常见的限速回路。

当吊钩起升时,压力油经右侧平衡阀的单向阀通过,油路畅通,当吊钩下降时,左侧通油,但右侧平衡阀回油通路封闭,马达不能转动,只有当左侧进油压力,达到开启压力,通过控制油路打开平衡阀芯形成回油通路,马达才能转动使重物下降,如在重力作用下马达发生超速运转，则造成进油路供油不足，油压降低，使平衡阀芯开口关小，回油阻力增大，从而限定重物的下降速度。

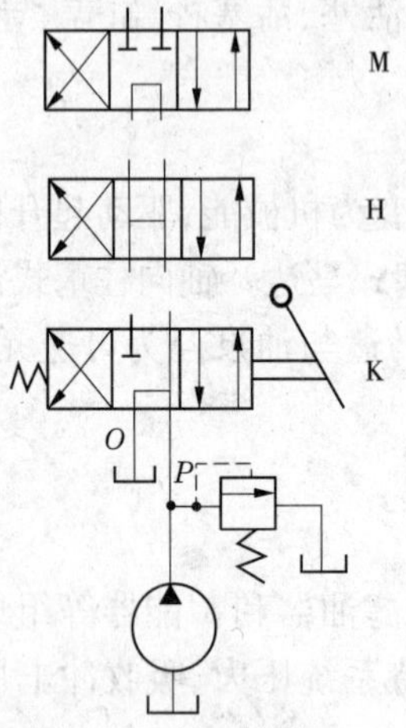

图 2-4　利用滑阀机能卸荷

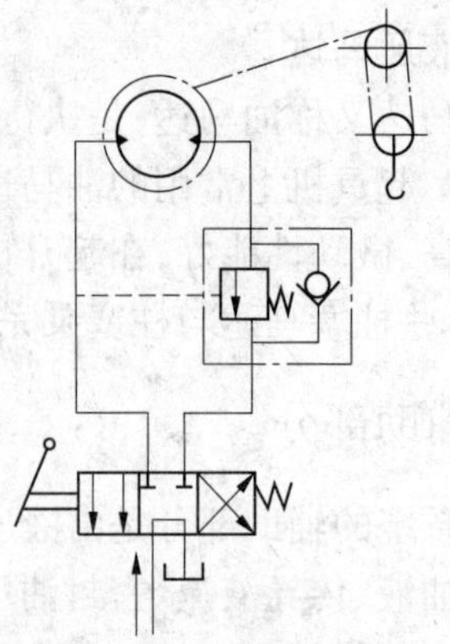

图 2-5　限速回路

（四）锁紧回路

起重机执行机构经常需要在某个位置保持不动，如支腿、变幅与伸缩油缸等，这样必须把执行元件的进口油路可靠地锁紧，否则便会发生“坠臂”或“软腿”危险。除用平衡阀锁紧外，还有如图 2-6 所示的液控单向阀锁紧，它用于起重机支腿回路中。

当换向阀处于中间位置，即支腿处于收缩状态或外伸支撑起重机作业状态时，油缸上下腔被液压锁的单向阀封闭锁紧，支腿不会发生外伸或收缩现象，当支腿需外伸（收缩）时，液压油经单向阀进入油缸的上（下）腔，并同时作用于单向阀的控制活塞打开另一单向阀，允许油缸伸出（缩回）。

（五）制动回路

如图 2-7 所示为常闭式制动回路，起升机构工作时，扳动换向阀，压力油一路进入油马达，另一路进入制动器油缸推动活塞压缩弹簧实现松闸。

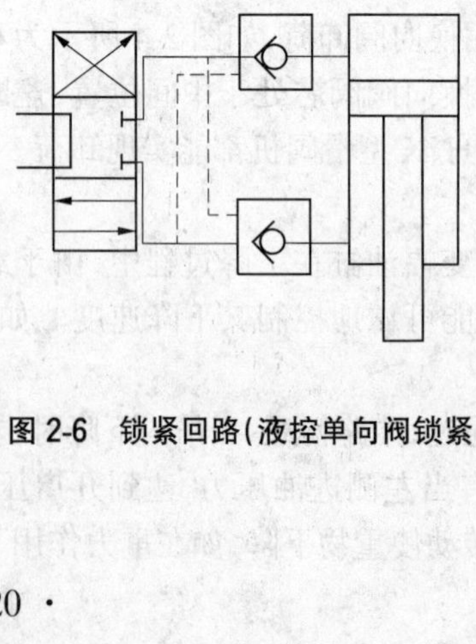

图 2-6　锁紧回路（液控单向阀锁紧）

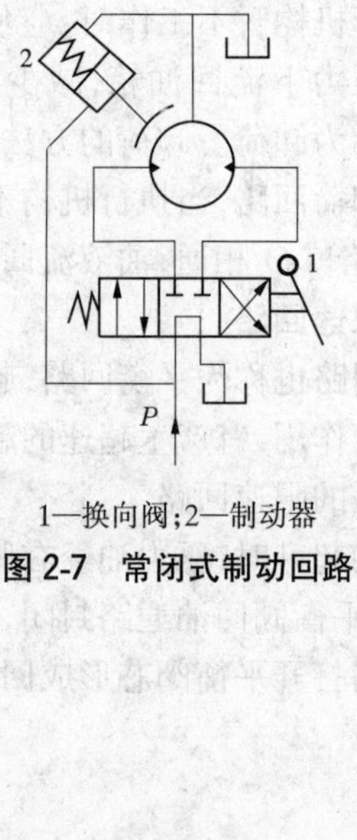

1—换向阀；2—制动器

图 2-7　常闭式制动回路

六、流动式起重机液压系统

如图 2-8 所示为 QY-8 型汽车起重机的液压系统。该系统由油泵 1 供油，压力油经滤清器 6、分路阀 5 后，可分别给上车或下车供油，当分路阀 5 在图示位置时，压力油经中心回转接头 22 流入上车四联换向阀 D、C、B、A，如果将分路阀 5 变换到左位，则压力油流入支腿换向阀 2、3，上车回油经阀 A，中心回转接头 22 返回油箱 23，下车回油经后支腿换向阀 3 返回油箱。

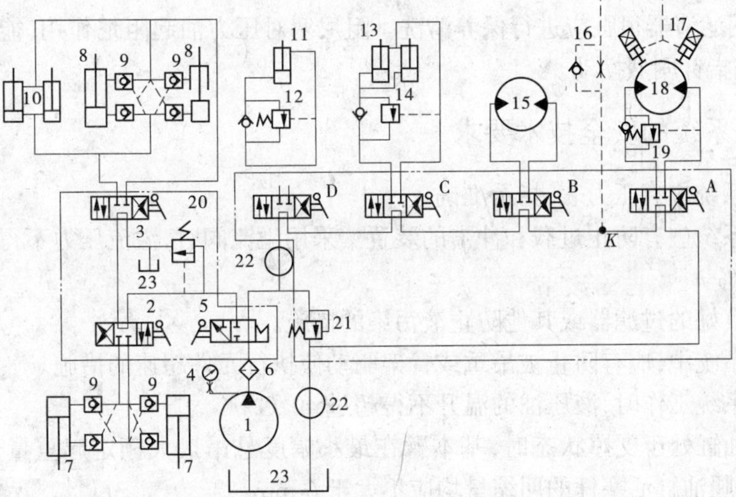

1—油泵；2—前支腿换向阀；3—后支腿换向阀；4—压力表；5—分路阀；6—滤清器；
7—前支腿油缸；8—后支腿油缸；9—双向液压锁；10—稳定器油缸；11—伸缩油缸；
12，14，19—平衡阀；13—变幅油缸；15—回转马达；16—单向节流阀；17—制动器；
18—起升马达；20，21—溢流阀；22—中心回转接头；23—油箱

图 2-8　QY-8 型汽车起重机液压系统

四联换向阀 A、B、C、D 分别控制卷扬机构的起升马达 18，回转机构的回转马达 15，变幅油缸 13，伸缩油缸 11 的动作，当四个阀都处于中位时，油泵卸荷，油液全部流回油箱，由于四联换向阀油路串联，故当空载或轻载时，各工作机构可以进行组合动作。

上车的伸缩、变幅和起升油路中分别装有平衡阀 12、14 和 19，用以控制负载下降的速度，防止重物坠落和油缸回缩。

起升马达 18 通过两级齿轮减速器驱动卷轴转动，在减速器高速轴上装有常闭式瓦块制动器 17，制动器靠弹簧压力制动，当制动油缸通入压力油时，可以克服弹簧压力将制动器打开，制动油缸前装有单向节流阀 16，它与主油路在 *K* 点相接。由于 *K* 点位于起升控制阀 A 之前，所以只要阀 A 处于中位时，没有压力油进入制动油缸，制动器 17 处于制动状态。而阀 A 处于工作位置，起升马达 18 旋转时，制动油缸进入压力油，制动松开，单向节流阀 16 的作用是使制动油缸滞后于起升马达 18 进油，这样可以避免马达转动瞬间发生溜钩现象。

回转马达15的回路中没有制动装置，它的制动是靠阀B的M型滑阀机能来实现的。

下车的蛙式支腿油缸7、8分别由串联的M型三位四通阀2、3操纵，支腿油缸装有双向液压锁9。在后支腿回路中，并联有稳定器油缸10，放后支腿时，压力油同时将稳定器油缸的活塞杆推出，将后桥挂起，收后支腿时，油缸收缩，将后桥放下，

溢流阀21、20分别保护上车与下车油路。上车与下车的工作压力不同，下车的工作压力为16 MPa，上车的工作压力为25 MPa。

在油泵出口处装有滤清器6，用以保护油泵以外的液压元件，为了避免滤清器堵塞而损坏滤芯或其他元件，滤清器前面管路设有压力表4，当空载时，如果压力表读数超过1 MPa，则说明滤清器很脏应进行保养清洗。阻尼塞对压力油起阻尼作用，能保护压力表并防止压力表指针剧烈摆动。

七、液压系统的安全技术要求

(1)液压系统应有压力表，指示准确。

(2)液压系统应有防止过载和冲击的装置。采用溢流阀时，溢流压力不得大于系统工作压力的110%。

(3)应用良好的过滤器或其他防止液污染的措施。

(4)液压系统中，应有防止被吊重或臂架驱动使执行元件超速的措施。

(5)液压系统工作时，液压油的温升不得超过40 ℃。

(6)支腿油缸处于支撑状态时，基本臂在最小幅度悬吊最大额定起重量，15 min后，变幅油缸和支腿油缸活塞杆的回缩量均应不大于6 mm。

(7)平衡阀必须直接或用钢管连接在变幅油缸、伸缩油缸和起升马达上，不得用软管连接。

(8)各平衡阀的开启压力应符合说明书的要求。

(9)使用蓄能器时，蓄能充气压力与安装应符合规定。

(10)手动换向阀的操作与指示应方向一致，操纵轻便，无冲击跳动。起升离合器操纵手柄应设有锁止机构，工作可靠。

(11)液压系统应按设计要求用油，油量满足工作需要。

(12)油泵和液压马达无异响，系统工作正常，不得漏油。

第三章　绳　索

绳索是在起重吊装工作中用来捆绑、索引、溜拉和提升物件的索具，常用的有麻绳、钢丝绳、吊装带及链条等。

第一节　麻　绳

麻绳具有轻便、柔软、携带方便、容易捆绑等优点。但这种绳索的性能比钢丝绳差，易于磨损、破断和腐蚀，而且新旧麻绳的强度变化也很大。因此，在起重吊装工作中只适用于系挂物体、人力搬运和起重量小于 500 kg 的施工操作，重要施工作业一般是不采用的。

一、麻绳种类及结构形式

麻绳是用植物麻纤维搓捻成的一种绳索。在起重吊装施工中一般采用机制麻绳，因为机制麻绳搓捻均匀、紧密，抗拉力也比人工搓捻的麻绳大。

麻绳种类较多，常见的有白麻绳和棕绳，其编制形式分三股、四股和九股三种。

就力学性能来说，棕绳强度高于白麻绳；四、九股编制形式比三股编制形式强度好得多。一般施工现场多选用棕绳和九股编制形式的麻绳。但是，棕绳产量少，价格较高；九股编制形式比三股编制形式在制造上较为困难。因此，在施工当中应该根据情况合理选用。

麻绳又分浸油和不浸油两种。浸油麻绳有耐腐蚀和防潮特性，但由于受油中所含酸的影响，强度比未浸油麻绳下降大约 10%，同时挠性下降，自重增加，成本上升，故不常被采用。但根据化工基建施工和室外作业较多的特点，棕绳多数是采用浸油的。

二、麻绳抗拉能力计算

麻绳在起重吊装工作中主要受拉伸作用，因此选用麻绳时都要进行抗拉能力的计算。为了保证施工安全，考虑到麻绳可能存在制造上的缺陷，容易磨损和受起重动力冲击等因素影响，麻绳许用拉力必须低于数倍产品规定的破断拉力。其验算公式如下：

$$P = S_b / K \tag{3-1}$$

式中　P——麻绳允许最大承载能力，N；

S_b——麻绳的破断拉力，N；

K——麻绳的使用安全系数，见表 3-1。

$$P = \frac{\pi d^2}{4}[\sigma] \tag{3-2}$$

式中　P——麻绳许用载荷，N；

d——麻绳直径，mm；

$[\sigma]$——麻绳许用应力,N/mm², 见表 3-2。

故麻绳直径为:

$$d = \sqrt{\frac{4P}{\pi[\sigma]}} \tag{3-3}$$

表 3-1 麻绳使用安全系数 *K*

工 作 性 质	绳类名称	
	棕绳	白麻绳
地面水平运输	3	5
吊装物件或高空系挂	5	8
慢速机动操作环境温度在 40~55 ℃和承载人的情况下	10	不准用

表 3-2 麻绳许用应力值[σ] (单位:N/mm²)

品 种	用 途	
	起重用绳	捆绑用绳
白麻绳	10	5
浸油麻绳	9	4.5

为了方便在施工中对绳载重能力的估计,推荐以下两个估算公式:

$$P = 7.85d^2 \tag{3-4}$$

式中 P——白麻绳许用拉力,N;

d——绳的直径,mm。

$$P = 7.06d^2 \tag{3-5}$$

式中 P——浸油麻绳许用拉力,N;

d——绳的直径,mm。

此两估算式是由 $P = \frac{\pi d^2}{4}[\sigma]$代入麻绳许用应力值 $[\sigma]$导出的。

出厂时的白棕绳大都盘成卷,每卷的长度一般为 200 m,较粗的白棕绳一般为 100 m。当缺少白棕绳的质量资料时,也可用近似估算公式来估算其质量。

$$m = 0.07d^2 \tag{3-6}$$

式中 m——白棕绳的质量,kg/100 m;

d——绳的标称直径,mm。

表 3-3 所列为国产旗鱼牌白麻绳的技术规格,表 3-4 为白棕绳的技术规格。

图 3-3　国产旗鱼牌白麻绳的技术规格

直径(mm)	每卷质量(每卷长220 m)(kg)	破断拉力(N)	直径(mm)	每卷质量(每卷长 220 m)(kg)	破断拉力(N)
6	6.5	2 000	25	90	24 000
8	10.5	3 250	29	120	26 000
11	17	5 750	33	165	29 000
13	23.5	8 000	38	200	35 000
14	32	9 500	41	250	37 500
16	41	11 500	44	290	45 000
19	52.5	13 000	51	330	60 000
20	60	16 000	57	450	65 000
22	70	18 500	63	500	70 000

图 3-4　白棕绳的技术规格(SC－1)

直径(mm)	质量(kg/100 m)	最小破断拉力(N)		
		Ⅰ	Ⅱ	Ⅲ
6	3	4 050	2 680	1 760
8	6	6 660	4 400	2 900
10	8	9 200	6 100	4 000
12	11	11 660	7 750	5 090
14	14	16 300	10 900	7 220
16	18	19 600	13 400	8 710
18	23	24 600	16 600	11 000
20	28	31 200	21 100	13 900
22	34	37 600	24 500	16 800
24	40	43 800	29 600	19 600
26	48	49 700	33 800	22 300
28	55	57 100	38 900	25 600
30	63	66 200	44 500	29 900
32	72	74 400	50 100	33 700
34	81	82 400	55 600	37 400
36	91	90 000	60 900	41 000
40	112	109 700	74 400	50 100
44	136	120 100	81 600	54 900
48	161	140 000	95 600	64 300
52	190	162 000	110 300	74 100
56	220	181 500	112 400	83 700
60	252	207 500	142 500	95 900
64	287	230 000	158 900	109 700
68	324	255 000	176 900	119 000
72	363	282 000	195 300	131 300
80	448	333 200	231 500	156 300
88	542	393 000	273 900	185 000

注:1."SC"为水产部标准。
　2.Ⅰ、Ⅱ、Ⅲ为白棕绳等级。

【例 3-1】 有一直径 $d=14$ mm 的Ⅰ级白棕绳,用来起吊设备时允许吊装多少重量?

解:查表得该棕绳的破断拉力 $S_b=16\ 300$ N,安全系数 $K=5$。

$$P = S_b/K = 16\ 300/5 = 3\ 260(\text{N}) \tag{3-7}$$

【例 3-2】 用一根三股白棕绳起吊 4 000 N 的重物,问应选用多大直径的麻绳?

解:按表取$[\sigma]=10$ N/mm^2。

$$\begin{aligned} d &= \sqrt{\frac{4\times 4\ 000}{3.14\times 10}} \\ &= 22.57(\text{mm}) \end{aligned}$$

查表应选用 $d=24$ mm 直径的麻绳。

查表 3-4,$d=24$ mm 的Ⅰ级白棕绳最小破断拉力为 43 800 N>4 000 N,故可安全使用。

此题也可以用估算公式(3-4)去解 :

$$d=\sqrt{\frac{P}{7.85}}=\sqrt{\frac{4\ 000}{7.85}}=22.57(\text{mm})$$

三、麻绳使用的注意事项

(1)麻绳只适用于设置吊装工具及轻便工件的移动和起吊,或吊装工件的手拉溜绳,在机械驱动的起重机具中不得使用。

(2)麻绳不得向一个方向连续扭转,以免松散或扭劲。发现上述现象时,应及时消除。

(3)麻绳使用中,严禁与锐利的物体直接接触,如无法避免时应垫以保护物。

(4)麻绳在当做跑绳使用时,安全系数不得小于 10;当做绳扣使用时,安全系数不得小于 12。

(5)麻绳不得与酸、碱等腐蚀性介质接触。

(6)麻绳应存放在通风干燥的地方,不得受热受潮。

(7)麻绳使用前应认真检查,当表面均匀磨损不超过直径的 30%,局部触伤不超过同断面直径的 10%时,可按直径缩减程度折合降低使用。如局部触伤和局部腐蚀严重的,可截去受损部分插接使用。

(8)麻绳使用于滑车组时,滑轮的直径应大于麻绳直径的 10 倍,其绳槽半径应大于麻绳半径的 1/4。

第二节 钢丝绳

一、钢丝绳的基本概念

钢丝绳是首先将若干根钢丝拧成钢丝股,然后再由几股钢丝股绕一绳芯拧制而成的绳索。

钢丝:由碳钢或合金钢通过冷轧而成的圆形(或异形)丝材,它是构成股的基本单元。

钢丝股:由一定形状和大小的多根钢丝拧成一层或多层螺旋状而形成的结构,是构成钢丝绳的基本元件。

钢丝绳：由一定数量、一层或多层的股绕成螺旋状而形成的结构。在某些情况下，单股即为绳。

钢丝绳索具有强度高、弹性大、能承受冲击性载荷、高速运行时运转稳定、破断前有断丝预兆、整根钢丝绳不会立即折断、生产及使用经验成熟、成本低廉等优点，因此是起重吊装操作中最广泛使用的绳索。

在建筑施工中，通常使用的钢丝绳是由碳素钢钢丝及纤维芯捻成的钢丝绳。

二、钢丝绳分类与结构形成

钢丝绳的分类比较复杂，一般按断面开头分，有圆钢丝绳和扁钢丝绳两大类，圆钢丝绳是最为常用的钢丝绳，又可以根据不同的内容进行详细的分类，见表 3-5。

表 3-5　钢丝绳分类

一、圆钢丝绳	
1. 按结构分	
①单捻（股）钢丝绳	
a. 普通单股钢丝绳：由一层或多层圆钢丝螺旋状缠绕在一根芯丝上捻制而成的钢丝绳	
b. 密封钢丝绳（闭合型丝绳）：中心钢丝周围螺旋状缠绕着一层或多层圆钢丝，其外面由一层或数层异形钢丝捻制而成的钢丝绳	
②双捻（多股）钢丝绳：由一层或多层股钢绕着一根绳芯呈螺旋状捻制而成的单层多股或多层股钢丝绳	
a. 普通型钢丝绳：由等径钢丝分股与一根绳芯捻制而成	
b. 复合型钢丝绳：由不等径钢丝分多股与绳芯捻制而成	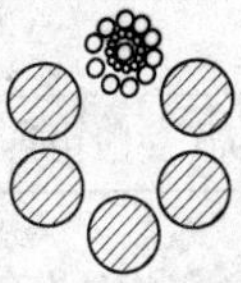
③三捻钢线绳（钢缆）：多根多股钢丝绳围绕一根纤维芯或钢绳芯捻制而成的钢丝绳	
2. 按直径分	
a. 细直径钢丝绳　直径<8 mm 的钢丝绳	
b. 普通直径钢丝绳　直径≥8～60 mm 的钢丝绳	
c. 粗直径钢丝绳　直径>60 mm 的钢丝绳	
3. 按用途分	
a. 一般用途钢丝绳（含钢绞线）	b. 电梯用钢丝绳
c. 航空用钢丝绳	d. 钻深井设备用钢丝绳
e. 架空索道及缆车用钢丝绳	f. 起重用钢丝绳

续表 3-5

g. 预应力混凝土用钢绞线	h. 渔业用钢丝绳
i. 矿井提升用钢丝绳	j. 轮胎用钢帘线
k. 胶带用钢丝绳	
4. 按表面状态分:光面钢丝绳、镀锌钢丝绳、涂塑钢丝绳	
5. 按股的断面形状分:圆形股钢丝绳、异形股钢丝绳(三角股、扁形股等)	
6. 按捻制特性(钢丝绳股内各层钢丝互接触的状态)分:点接触钢丝绳、线接触钢丝绳、面接触钢丝绳	
7. 按捻法、捻向分:右交互捻、左交互捻、右同向捻、左同向捻  右交互捻 (ZS)　左交互捻 (SZ)　右同向捻 (ZZ)　左同向捻 (SS)	
8. 按绳芯分	
纤维芯:应用天然纤维(如剑麻、棉纱)、合成纤维和其他符合性能要求的纤维制成	
钢芯(又称金属芯):分独立的钢丝绳芯和钢丝股芯	
二、扁钢丝绳	
由一定数量的子绳(一般由四股双捻钢绳组成)呈扁平状排列,用缝线交错织成	

密封钢丝绳,通常称为闭合形钢丝绳,具有结构紧密、强度高、表面光滑、耐磨性好、内心钢丝不受磨损的特点,但不易弯曲、柔性不好。因此,它主要用于客运架空索道、货运架空索道、矿井罐道、塔式起重机主索、吊桥主索、挖掘机及电铲绷绳等场所。一般很少使用。

复合型钢丝绳,具有结构紧密、强度高、柔曲性好的特点,但由于结构复杂、制造比较困难、价格昂贵,所以除了特定场合和起重速度很快的机械上使用外,一般也很少使用。

普通型钢丝绳,虽然性能不及复合型钢丝绳,但是能满足一般工程施工需要的条件,价格较低,因此在建筑施工以及一般检修吊装施工现场都采用这种钢丝绳。

普通单股钢丝绳,由于性能较差,因此一般施工中不可采用。

除了上述钢丝绳的结构因素外,另一个影响钢丝绳使用性能的重要因素就是钢丝绳的捻制特性。同向捻钢丝绳柔曲性大、磨损小,但容易自旋、松弛、压扁和打结。交互捻钢丝绳一般具有同向捻钢丝绳的优点,而克服了同向捻的缺点,所以建筑施工中较常采用交互捻钢丝绳。

钢丝绳的选用，必须根据具体情况进行详细分析，根据钢丝绳的分类特点进行合理选用。必要时，可以与钢丝绳生产厂家进行技术协商确定。

三、钢丝绳标记代号

钢丝绳标记代号按现行国家标准 GB 8707—88 制定。全称标记示例如：

18 NAT 6(9+9+1)+NF 1770 ZZ 190 117 GB 1102

- 产品标准编号
- 单位长度重量
- 最小破断拉力
- 捻向
- 钢丝公称抗拉强度
- 钢丝绳结构形式
- 钢丝的表面状态
- 钢丝绳的公称直径

通常，简化标记中仅标出钢丝绳的股数、每股的钢丝数、绳芯材质。例如 6×37+FC，表示由 6 股钢丝股、每股 37 根钢丝、纤维芯制成的钢丝绳。表 3-6 列出了钢丝绳标记代号及其含义。

表 3-6 钢丝绳标记代号

代号	名称含义	代号	名称含义
F_0	最小破断拉力（单位 kN 或 N）	R	矩形（或扁形）钢丝或股
F	填充钢丝	S	左向捻/西鲁式钢丝绳
FC	纤维芯（天然或合成的）	SF	合成纤维芯
Fi	填充式钢丝绳	T	梯形钢丝/面接触钢丝绳
H	半密封钢丝（或钢轨形）与圆形钢丝搭配	V	三角形钢丝或股
		IWR	金属丝绳芯
M	单位长度质量（单位 kg/100 m）	IWS	金属丝股芯
NAT	光面钢丝	W	瓦林吞式钢丝绳
NF	天然纤维芯	Z	Z 形钢丝/右向捻
P	扁形钢丝绳	ZAA	A 级镀锌钢丝
Q	椭圆形钢丝或股	ZAB	AB 级镀锌钢丝
R_0	钢丝公称抗拉强度（单位 N/mm^2）	ZBB	B 级镀锌钢丝

四、钢丝绳技术规格及主要用途

（一）技术规格

国产钢丝绳目前均按 GB/T 8918—1996 标准制造，钢丝绳直径达到了 90 mm 以上，钢丝公称抗拉强度一般分为 1 470 N/mm^2、1 570 N/mm^2、1 670 N/mm^2、1 770 N/mm^2、

1 870 N/mm^2五个等级。表 3-7～表 3-9 给出了建筑施工中最为常用的三种钢丝绳技术规格数据(其中 6×61 类钢丝绳为巨力集团产品)。其他规格钢丝绳技术数据以 GB/T 8918—1996《钢丝绳》中的数据为准。

(二)主要用途

GB/T 8918—1996 推荐了钢丝绳各种规格的主要用途,见表 3-10。建筑施工中,除了常用的几种规格钢丝绳以外,其他机械设备所用的钢丝绳以及不同条件下使用钢丝绳规格是不相同的。施工现场选择钢丝绳的原则如下。

6×19 钢丝绳:作拉索、缆风绳及受拉、受磨损时采用。

6×37 钢丝绳:作滑车组及其他呈弯曲时采用(现场吊装常用这种钢丝绳)。

6×61 钢丝绳:用于滑车组,制作吊绳和重型起重机械。

五、钢丝绳的质量和抗拉能力计算

(一)质量计算

钢丝绳的质量按下式计算:

$$M = Kd^2 \tag{3-8}$$

式中 M——钢丝绳单位长度的近似质量,kg/100 m;

d——钢丝绳公称直径,mm;

K——单位长度的重量系数,$kg/(100\ m\cdot mm^2)$(见表 3-11)。

(二)抗拉能力计算

钢丝绳最小破断拉力用下式计算:

$$F_0 = K'd^2R_0 \tag{3-9}$$

式中 F_0——钢丝绳最小破断拉力,kN;

d——钢丝绳公称直径,mm;

R_0——钢丝绳公称抗拉强度,MPa;

K'——某一指定结构钢丝绳的最小破断拉力系数(见表 3-11)。

在施工现场,如果没有任何资料查询,可以利用经验公式估算钢丝绳的破断拉力,公式为:$F = Kd^2$(公式中 F 的单位是 kN,d 的单位是 mm。对应于钢丝绳公称抗拉强度为 1 470 MPa、1 570 MPa、1 670 MPa、1 770 MPa、1 870 MPa,K 值分别为 0.43、0.46、0.49、0.52、0.55)。

另外,虽然 GB 1102—74 标准已经被 GB/T 8918—1996 所代替,但是现在一些施工单位仍然在使用 GB 1102—74 标准的钢丝绳,因此给出下列关于 GB 1102—74 标准的钢丝绳破断拉力计算公式:

$$F_0 = \text{换算系数} \times \text{钢丝破断拉力总和}$$

式中,换算系数、钢丝破断拉力总和根据钢丝绳形式、直径、公称抗拉强度由 GB 1102—74 标准相应表中查得。常用的几个换算系数如下:6×19 钢丝绳换算系数为 0.85;6×37 钢丝绳换算系数为 0.82;6×61 钢丝绳换算系数为 0.08。

表 3-7　圆股钢丝绳 6×19(b)类钢丝绳主要数据

绳结构:6×19+FC　6×19+IWS

钢丝绳公称直径		钢丝绳近似质量			钢丝绳公称抗拉强度(MPa)									
					1 470		1 570		1 670		1 770		1 870	
					钢丝绳最小破断拉力									
d	允许偏差	天然纤维芯	合成纤维芯	钢芯	纤维芯	钢芯	纤维芯	钢芯	纤维芯	钢芯	纤维芯	钢芯	纤维芯	钢芯
mm	%	kg/100 m			kN									
3	+8	3.11	3.03	3.43	4.06	4.39	4.33	4.69	4.61	4.98	4.89	5.28	5.16	5.58
4	+7	5.54	5.39	6.10	7.22	7.80	7.71	8.33	8.20	8.87	8.69	9.40	9.18	9.93
5	0	8.65	8.42	9.52	11.20	12.20	12.00	13.00	12.80	13.80	13.50	14.60	14.30	15.50
6	+6 0	12.50	12.10	13.70	16.20	17.50	17.30	18.70	18.40	19.90	19.50	21.10	20.60	22.30
7		17.00	16.50	18.70	22.10	23.90	23.60	25.50	25.10	27.10	26.60	28.70	28.10	30.40
8		22.10	21.60	24.40	28.80	31.20	30.80	33.30	32.80	35.40	34.70	37.60	36.70	39.70
9		28.00	27.30	30.90	36.50	39.50	39.00	42.20	41.50	44.90	44.00	47.50	46.50	50.20
10		34.60	33.70	38.10	45.10	48.80	48.10	52.10	51.20	55.40	54.30	58.70	57.40	62.00
11		41.90	40.80	46.10	54.60	59.00	58.30	63.00	62.00	67.00	65.70	71.10	69.40	75.10
12		49.80	48.50	54.90	64.40	70.20	69.40	75.00	73.80	79.80	78.20	84.60	82.60	89.40
13		58.50	57.00	64.40	76.20	82.40	81.40	88.00	86.60	93.70	91.80	99.30	97.00	104.00
14		67.80	66.10	74.70	88.40	95.60	94.40	102.00	100.00	108.00	106.00	115.00	112.00	121.00
16		88.60	86.30	97.50	115.00	124.00	123.00	133.00	131.00	141.00	139.00	150.00	146.00	158.00

续表 3-7

钢丝绳公称直径		钢丝绳近似质量			钢丝绳公称抗拉强度(MPa)									
					1 470		1 570		1 670		1 770		1 870	
					钢丝绳最小破断拉力									
d	允许偏差	天然纤维芯	合成纤维芯	钢芯	纤维芯	钢芯	纤维芯	钢芯	纤维芯	钢芯	纤维芯	钢芯	纤维芯	钢芯
mm	%	kg/100 m			kN									
18		112.00	109.00	123.00	146.00	158.00	156.00	168.00	166.00	179.00	176.00	190.00	186.00	201.00
20		138.00	135.00	152.00	180.00	195.00	192.00	208.00	205.00	221.00	217.00	235.00	229.00	248.00
22		167.00	163.00	184.00	218.00	236.00	233.00	252.00	248.00	268.00	263.00	284.00	277.00	300.00
24		199.00	194.00	219.00	259.00	281.00	277.00	300.00	295.00	319.00	312.00	338.00	330.00	357.00
26		234.00	228.00	258.00	305.00	329.00	325.00	352.00	346.00	374.00	367.00	397.00	388.00	419.00
28		271.00	264.00	299.00	353.00	382.00	377.00	408.00	401.00	434.00	426.00	460.00	450.00	486.00
(30)		311.00	303.00	343.00	406.00	439.00	433.00	469.00	461.00	498.00	489.00	528.00	516.00	558.00
32	+6	354.00	345.00	390.00	462.00	499.00	493.00	533.00	524.00	567.00	556.00	601.00	587.00	635.00
(34)	0	400.00	390.00	440.00	521.00	564.00	557.00	602.00	592.00	640.00	628.00	679.00	663.00	717.00
36		448.00	437.00	494.00	584.00	632.00	624.00	675.00	664.00	718.00	704.00	761.00	744.00	804.00
(38)		500.00	487.00	550.00	651.00	704.00	695.00	752.00	740.00	800.00	784.00	848.00	828.00	896.00
40		554.00	539.00	610.00	722.00	780.00	771.00	833.00	820.00	887.00	869.00	940.00	918.00	993.00
(42)		610.00	594.00	672.00	796.00	860.00	850.00	919.00	904.00	978.00	958.00	1 030.00	1 010.00	1 090.00
44		670.00	652.00	738.00	873.00	944.00	933.00	1 000.00	992.00	1 070.00	1 050.00	1 130.00	1 110.00	1 200.00
(46)		732.00	713.00	806.00	954.00	1 030.00	1 010.00	1 100.00	1 080.00	1 170.00	1 140.00	1 240.00	1 210.00	1 310.00

注:1. 最小钢丝破断拉力总和 = 钢丝绳最小破断拉力 × 1.197(纤维芯)或 1.287(钢芯)。

2. 新设计设备不得选用括号内的钢丝绳直径。

表 3-8　圆股钢丝绳 6×37(b)类钢丝绳主要数据

绳结构:6×37+FC　6×37+IWR

钢丝绳公称直径		钢丝绳近似质量			钢丝绳公称抗拉强度(MPa)									
					1 470		1 570		1 670		1 770		1 870	
					钢丝绳最小破断拉力									
d	允许偏差	天然纤维芯	合成纤维芯	钢芯	纤维芯	钢芯	纤维芯	钢芯	纤维芯	钢芯	纤维芯	钢芯	纤维芯	钢芯
mm	%	kg/100 m			kN									
5	+7	8.65	8.42	9.52	10.80	11.70	11.50	12.50	12.30	13.30	13.00	14.10	13.70	14.90
6		12.50	12.10	13.70	15.60	16.80	16.60	18.00	17.70	19.10	18.70	20.30	19.80	21.40
7		17.00	16.50	18.70	21.20	22.90	22.60	24.50	24.10	26.10	25.50	27.60	27.00	29.20
8		22.10	21.60	24.40	27.70	30.00	29.60	32.00	31.50	34.00	33.40	36.10	35.30	38.10
9		28.00	27.30	30.90	35.10	37.90	37.50	40.50	39.90	43.10	42.20	45.70	44.60	48.30
10		34.60	33.70	38.10	43.30	46.89	46.30	50.00	49.20	53.20	52.20	56.40	55.10	59.60
11		41.90	40.80	46.10	52.30	56.70	56.00	60.60	59.69	64.40	63.10	68.30	66.70	72.10
12		49.80	48.50	54.90	62.40	67.50	66.60	72.10	70.90	76.70	75.10	81.30	79.40	85.90
13	+6	58.50	57.00	64.40	73.20	79.20	78.20	84.60	83.20	90.00	88.20	95.40	93.20	100.00
14	0	67.80	66.10	74.70	84.90	91.90	90.70	98.10	96.50	104.00	102.00	110.00	108.00	116.00
16		83.60	86.30	97.50	111.00	120.00	118.00	128.00	126.00	136.00	133.00	144.00	141.00	152.00
18		112.00	109.00	123.00	140.00	151.00	150.00	162.00	159.00	172.00	169.00	182.00	178.00	193.00
20		138.00	135.00	152.00	173.00	187.00	185.00	200.00	197.00	213.00	208.00	225.00	220.00	238.00
22		167.00	163.00	184.00	209.00	226.00	224.00	242.00	238.00	257.00	252.00	273.00	266.00	283.00
24		199.00	194.00	219.00	249.00	270.00	266.00	288.00	283.00	306.00	300.00	325.00	317.00	343.00
26		234.00	228.00	258.00	293.00	316.00	313.00	338.00	333.00	360.00	352.00	381.00	372.00	403.00
28		271.00	264.00	299.00	339.00	367.00	363.00	392.00	386.00	417.00	490.00	442.00	432.00	467.00
(30)		311.00	303.00	343.00	390.00	422.00	416.00	450.00	443.00	479.00	469.00	508.00	496.00	536.00

续表 3-8

钢丝绳公称直径		钢丝绳近似质量			钢丝绳公称抗拉强度(MPa)									
					1 470		1 570		1 670		1 770		1 870	
					钢丝绳最小破断拉力									
d	允许偏差	天然纤维芯	合成纤维芯	钢芯	纤维芯	钢芯	纤维芯	钢芯	纤维芯	钢芯	纤维芯	钢芯	纤维芯	钢芯
mm	%	kg/100 m			kN									
32	+6 0	354.00	345.00	390.00	444.00	480.00	474.00	512.00	504.00	545.00	534.00	578.00	564.00	610.00
(34)		400.00	390.00	440.00	501.00	542.00	535.00	578.00	569.00	615.00	603.00	652.00	637.00	689.00
36		448.00	437.00	494.00	562.00	607.00	600.00	649.00	638.00	690.00	676.00	731.00	714.00	773.00
(38)		500.00	487.00	550.00	626.00	677.00	668.00	723.00	711.00	769.00	753.00	815.00	796.00	861.00
40		554.00	539.00	610.00	693.00	750.00	741.00	801.00	788.00	852.00	835.00	903.00	882.00	954.00
(42)		610.00	594.00	672.00	764.00	827.00	816.00	883.00	869.00	939.00	921.00	996.00	973.00	1 050.00
44		670.00	652.00	738.00	839.00	907.00	896.00	969.00	953.00	1 030.00	1 010.00	1 090.00	1 060.00	1 150.00
(46)		732.00	713.00	806.00	917.00	992.00	980.00	1 050.00	1 040.00	1 120.00	1 100.00	1 190.00	1 160.00	1 260.00
48		797.00	776.00	878.00	990.00	1 080.00	1 060.00	1 150.00	1 130.00	1 220.00	1 200.00	1 300.00	1 270.00	1 370.00
(50)		865.00	842.00	952.00	1 080.00	1 170.00	1 150.00	1 250.00	1 230.00	1 330.00	1 300.00	1 410.00	1 370.00	1 490.00
52		936.00	911.00	1 030.00	1 170.00	1 260.00	1 250.00	1 350.00	1 330.00	1 440.00	1 410.00	1 520.00	1 490.00	1 610.00
(54)		1 010.00	983.00	1 110.00	1 260.00	1 360.00	1 350.00	1 460.00	1 430.00	1 550.00	1 520.00	1 640.00	1 600.00	1 730.00
56		1 090.00	1 060.00	1 190.00	1 350.00	1 470.00	1 450.00	1 570.00	1 540.00	1 670.00	1 630.00	1 770.00	1 720.00	1 870.00
(58)		1 160.00	1 130.00	1 280.00	1 450.00	1 570.00	1 550.00	1 680.00	1 650.00	1 790.00	1 750.00	1 890.00	1 850.00	2 000.00
60		1 250.00	1 210.00	1 370.00	1 560.00	1 680.00	1 660.00	1 800.00	1 770.00	1 910.00	1 870.00	2 030.00	1 980.00	2 140.00
(62)		1 330.00	1 300.00	1 460.00	1 660.00	1 800.00	1 780.00	1 920.00	1 890.00	2 040.00	2 000.00	2 170.00	2 120.00	2 290.00
64		1 420.00	1 380.00	1 560.00	1 770.00	1 920.00	1 890.00	2 050.00	2 010.00	2 180.00	2 130.00	2 310.00	2 250.00	2 440.00
66		1 510.00	1 470.00	1 660.00	1 880.00	2 040.00	2 010.00	2 180.00	2 140.00	2 320.00	2 270.00	2 450.00	2 400.00	2 590.00

注:1. 最小钢丝破断拉力总和 = 钢丝绳最小破断拉力 × 1.249(纤维芯)或 1.336(钢芯)。

2. 新设计设备不得选用括号内的钢丝绳直径。

表 3-9　圆股钢丝绳 6×61 类钢丝绳主要数据

绳结构：6×61+FC　6×61+IWS

钢丝绳公称直径	钢丝绳近似质量(kg/100 m)			钢丝绳公称抗拉强度(MPa)							
				1 570		1 670		1 770		1 870	
				钢丝绳最小破断拉力(kN)							
mm	天然纤维芯	合成纤维芯	钢芯	纤维芯	钢芯	纤维芯	钢芯	纤维芯	钢芯	纤维芯	钢芯
40	578.00	566.00	637.00	758.00	818.00	806.00	871.00	855.00	923.00	903.00	975.00
42	637.00	624.00	702.00	836.00	902.00	889.00	960.00	942.00	1 010.00	996.00	1 070.00
44	699.00	685.00	771.00	917.00	990.00	976.00	1 050.00	1 030.00	1 110.00	1 090.00	1 180.00
46	764.00	749.00	842.00	1 000.00	1 080.00	1 060.00	1 150.00	1 130.00	1 220.00	1 190.00	1 280.00
48	832.00	816.00	917.00	1 180.00	1 170.00	1 160.00	1 250.00	1 230.00	1 320.00	1 300.00	1 400.00
50	903.00	885.00	995.00	1 280.00	1 270.00	1 260.00	1 360.00	1 440.00	1 440.00	1 410.00	1 520.00
52	976.00	957.00	1 080.00	1 380.00	1 380.00	1 360.00	1 470.00	1 550.00	1 560.00	1 520.00	1 640.00
54	1 050.00	1 030.00	1 160.00	1 480.00	1 490.00	1 470.00	1 580.00	1 670.00	1 680.00	1 640.00	1 770.00
56	1 130.00	1 110.00	1 250.00	1 590.00	1 600.00	1 580.00	1 700.00	1 790.00	1 800.00	1 770.00	1 910.00
58	1 210.00	1 190.00	1 340.00	1 700.00	1 720.00	1 690.00	1 830.00	1 920.00	1 940.00	1 890.00	2 050.00
60	1 300.00	1 270.00	1 430.00	1 820.00	1 840.00	1 810.00	1 950.00	2 050.00	2 070.00	2 030.00	2 190.00
62	1 390.00	1 360.00	1 530.00	1 940.00	1 960.00	1 930.00	2 090.00	2 180.00	2 210.00	2 170.00	2 340.00
64	1 480.00	1 450.00	1 630.00	1 940.00	2 090.00	2 060.00	2 220.00	2 180.00	2 360.00	2 310.00	2 490.00
66	1 570.00	1 540.00	1 730.00	2 060.00	2 220.00	2 190.00	2 370.00	2 320.00	2 510.00	2 460.00	2 650.00
68	1 670.00	1 640.00	1 840.00	2 190.00	2 360.00	2 330.00	2 510.00	2 470.00	2 660.00	2 610.00	2 810.00
70	1 770.00	1 730.00	1 950.00	2 320.00	2 500.00	2 470.00	2 660.00	2 610.00	2 820.00	2 760.00	2 980.00
72	1 870.00	1 840.00	2 060.00	2 450.00	2 650.00	2 610.00	2 820.00	2 770.00	2 990.00	2 920.00	3 160.00
74	1 980.00	1 940.00	2 180.00	2 590.00	2 800.00	2 760.00	2 980.00	2 920.00	3 150.00	3 090.00	3 330.00
76	2 090.00	2 040.00	2 300.00	2 730.00	2 950.00	2 910.00	3 140.00	3 080.00	3 330.00	3 260.00	3 520.00
78	2 200.00	2 150.00	2 420.00	2 880.00	3 110.00	3 060.00	3 310.00	3 250.00	3 510.00	3 430.00	3 700.00
80	2 310.00	2 270.00	2 550.00	3 030.00	3 270.00	3 220.00	3 480.00	3 420.00	3 690.00	3 610.00	3 900.00
82	2 430.00	2 380.00	2 680.00	3 180.00	3 440.00	3 390.00	3 660.00	3 590.00	3 870.00	3 790.00	4 090.00
84	2 550.00	2 500.00	2 810.00	3 340.00	3 610.00	3 550.00	3 840.00	3 770.00	4 070.00	3 980.00	4 300.00
86	2 670.00	2 620.00	2 940.00	3 500.00	3 780.00	3 730.00	4 020.00	3 950.00	4 260.00	4 170.00	4 500.00
88	2 800.00	2 740.00	3 080.00	3 670.00	3 960.00	3 900.00	4 210.00	4 130.00	4 460.00	4 370.00	4 720.00
90	2 920.00	2 870.00	3 220.00	3 840.00	4 140.00	4 080.00	4 400.00	4 320.00	4 670.00	4 570.00	4 930.00

表 3-10　钢丝绳主要用途推荐表

用途	名称	结　构	备注
立井提升	三角股钢丝绳	6V×37S、6V×36、6V×33、6V×30、6V×43、6V×21	
	线接触钢丝绳	6×19S、6×19W、6×25Fi、6×29Fi、6×26SW、6×31SW、6×36SW、6×41SW	推荐同向捻
	多层股钢丝绳	18×7、17×7、6Q×19+6V×21、6Q×33+6V×21	用于钢丝绳罐道的立井
开凿立井提升(建井用)	多层股钢丝绳及异型股钢丝绳	6Q×33+6V×21、17×7、18×7、34×7、36×7、6Q×19+6V×21、4V×39S、4V×48S	
立井平衡绳	扁钢丝绳	6×4×7、8×4×7、8×4×9、8×4×19	
	钢丝绳	6×37、6×37S、6×36SW、4V×39S、4V×48S	仅适用于交互捻
	多层股钢丝绳	17×7、18×7、34×7、36×7	仅适用于交互捻
斜井卷扬(绞车)	钢丝绳	6T×7	
	钢丝绳	6×7、6×9W	推荐同向捻
高炉卷扬	三角股钢丝绳	6V×37S、6V×36、6V×30、6V×33、6V×43	
	线接触钢丝绳	6×19S、6×25Fi、6×29Fi、6×26SW、6×31SW、6×36SW、6×41SW	
立井罐道及索道承重	密封钢丝绳	见密封钢丝绳标准	
	三角股钢丝绳	6V×18	
	多层股钢丝绳	18×7、17×7	推荐同向捻
	钢丝绳	6×7	推荐同向捻
露天斜坡卷扬	三角股钢丝绳	6V×37S、6V×36、6V×30、6V×33、6V×43	
	线接触钢丝绳	6×36SW、6×37S、6×41SW、6×49SWS、6×55SWS	推荐同向捻
石油钻井	线接触钢丝绳	6×19S、6×19W、6×25Fi、6×29Fi、6×26SW、6×31SW、6×36SW	也可采用钢芯

续表 3-10

用途		名称	结构	备注
皮带运输机及索道牵引、缆车		线接触钢丝绳	6×19S、6×19W、6×25Fi、6×29Fi、6×26SW、6×31SW、6×36SW、6×41SW	推荐同向捻
挖掘机（电铲卷扬）		线接触钢丝绳及三角股钢丝绳	6×19S+IWR、6×25Fi+IWR、6×19W+IWR、6×29Fi+IWR、6×26SW+IWR 6×31SW+IWR、6×36SW+IWR、6×55SWS+IWR、6×49SWS+IWR、6V×30 6V×33、6V×36、6V×37S、6V×43	推荐同向捻
起重机	大型浇铸吊车	三角股钢丝绳	6V×37S、6V×36、6V×43	①指同规格左捻与右捻绳可成对使用的条件下 ②受热大时，也可选择加 7×7 金属绳芯者
起重机	大型浇铸吊车	线接触钢丝绳	6×19S+IWR、6×19W+IWR、6×25Fi+IWR、6×36SW+IWR、6×41SW+IWR	
起重机	港口装卸和建筑用塔式起重机	四股扇形股钢丝绳	4V×39S、4V×48S	
起重机	其他用途	线接触钢丝绳	6×19S、6×19W、6×25Fi、6×29Fi、6×26SW、6×31SW、6×36SW、6×37S、6×41SW、8×19S、6×49SWS、6×55SWS、8×19W、8×25Fi、8×26SW、8×31SW、8×36SW、8×41SW、8×49SWS、8×55SWS	
起重机	其他用途	点接触钢丝绳	6×19、6×37	
起重机	其他用途	四股扇形股钢丝绳	4V×39S、4V×48S	
热移钢机（轧钢厂推钢台）		线接触钢丝绳	6×19S+IWR、6×19W+IWR、6×25Fi+IWR、6×29Fi+IWR、6×31SW+IWR、6×37S+IWR、6×36SW+IWR	
热移钢机（轧钢厂推钢台）		点接触钢丝绳	6×19+IWR	

续表 3-10

用途	名称	结　构	备注
船舶装卸	线接触钢丝绳	6×24S、6×24W、6×19S、6×19W、6×25Fi、6×29Fi、6×31SW、6×36SW、6×37S	镀锌
	点接触钢丝绳	6×19、6×37	镀锌
拖船、货网浮运木材	钢丝绳	6×24、6×24S、6×24W、6×37、6×31SW、6×36SW、6×37S	镀锌
船舶张拉桅杆及吊桥	钢丝绳	6×7+IWS、6×19+IWS、6×19S+IWR	镀锌
打捞沉船	钢丝绳	6×37、6×37S、6×36SW、6×41SW、6×49SWS、6×31SW、8×19S、8×19W、8×31SW、8×36SW、8×41SW、8×49SWS	镀锌
渔业拖网	钢丝绳	6×24、6×24S、6×24W、6×19、6×19S、6×19W、6×31SW、6×36SW、6×37、6×37S	镀锌
捆绑	钢丝绳	6×24、6×24S、6×24W	

注:1. 腐蚀是主要报废原因,应采用镀锌钢丝绳。

2. 钢丝绳工作时,终端不能自由旋转,或虽有反拨力,但不能相互纠合在一起的工作场合,应采用同向捻钢丝绳。

表 3-11 钢丝绳重量系数和最小破断拉力系数

组别	类别	钢丝绳重量系数 K			$\frac{K_2}{K_{1n}}$	$\frac{K_2}{K_{1p}}$	最小破断拉力系数 K'		$\frac{K'_2}{K'_1}$
		天然纤维芯钢丝绳	合成纤维芯钢丝绳	钢芯钢丝绳			纤维芯钢丝绳	钢芯钢丝绳	
		K_{1n}	K_{1p}	K_2			K'_1	K'_2	
		kg/(100m·mm^2)							
1	6×7	0.351	0.344	0.387	1.10	1.12	0.332	0.359	1.08
2 3	6×19(a) 6×37(a)	0.380	0.371	0.418	1.10	1.13	0.330	0.356	1.08
2	6×19(b)	0.346	0.337	0.381	1.10	1.13	0.307	0.332	1.08
3	6×37(b)	0.346	0.337	0.381	1.10	1.13	0.295	0.319	1.08
4 5	8×19 8×37	0.357	0.344	0.435	1.22	1.26	0.293	0.346	1.18
6	17×7*	0.390			—	—	0.328		—
7	34×7	0.390			—	—	0.318		—
8	6×24	0.318	0.304	—	—	—	0.280	—	—
9	6V×7	0.412	0.404	0.437	1.06	1.08	0.375	0.398	1.06
10 11	6V×19 6V×37	0.405	0.397	0.429	1.06	1.08	0.360	0.382	1.06
12	4V×39	0.410	0.402	—	—	—	0.360	—	—
13	6Q×19+6V×21	0.410	0.402	—	—	—	0.360	—	—

注:1.在2组a类和4组钢丝绳中,当股内钢丝的数目为19根或19根以下时,重量系数应比表中所列的数小3%。

2.在8组钢丝绳中,股为等捻距结构钢丝绳的重量系数和最小破断拉力系数,应分别比表中所列的数大4%。

3.在10组钢丝绳中,股含纤维芯6V×21结构钢丝绳的重量系数和最小破断拉力系数,应分别比表中小8%,6V×30结构钢丝绳的最小破断拉力系数,应比表中小10%;在11组钢丝绳中,股为线接触结构6V×37S钢丝绳的这两种系数则应分别大5%。

4.K_{1p}重量系数是对聚丙烯纤维而言。

5.钢丝绳分组情况详见GB/T 8918—1996。

(三)钢丝绳许用拉力计算

钢丝绳在使用中,由于条件的不同,其能够承受的载荷也发生很大变化。因此,必须对钢丝绳进行许用拉力计算。计算公式如下:

$$P = F_0 / K \tag{3-10}$$

式中 P——钢丝绳许用拉力,kN;

F_0——钢丝绳最小破断拉力,kN;

K——使用安全系数,按表 3-12 查取。

表 3-12 钢丝绳使用安全系数 *K*

使用场合	拖拉绳	手动卷扬机	机动卷扬机	捆绑绳索	
				吊重＜50 t	吊重≥50 t
安全系数 K	3.5	4	5	8	6
使用场合	系挂绳	高处作业吊篮	载人吊篮	施工升降机提升吊笼	
安全系数 K	5	9	14	8	

【例 3-3】 有一 $6\times37+\mathrm{FC}$ 公称抗拉强度 1 570 MPa,直径 $d=28$ mm 的钢丝绳,用于高处作业吊篮,需要承受的荷载为 30 kN。估算其破断拉力,并与钢丝绳性能表破断拉力比较,是否安全?

解:估算破断拉力为:$F_0=0.46d^2=0.46\times28\times28=360.64$(kN)。查表破断拉力为:$F_0=363$ kN。

两者比较,可以看出,经验公式计算值偏小,因此在施工中可以经常使用。

许用拉力 $P=F_0/K=363/9=40.3$(kN)$\geqslant$30 kN,因此安全。

六、钢丝绳几种使用形式的受力变化

工程上用钢丝绳的形式很多,运用和操作也比较普遍,但对实际受力大小往往搞不清楚而造成事故。这里略举几个例子加以说明。

(一)导向滑轮

从图 3-1 所示受力分析可以明显看出,起吊绳受力相等,可是由于导向角度不同,则滑轮固定绳和锚桩受力就相应发生变化。因此,选用导向滑轮、固定钢丝绳扣和锚桩时应特别注意导向的角度,绝对不能按照起吊绳受力大小简单地确定同等大小的力。

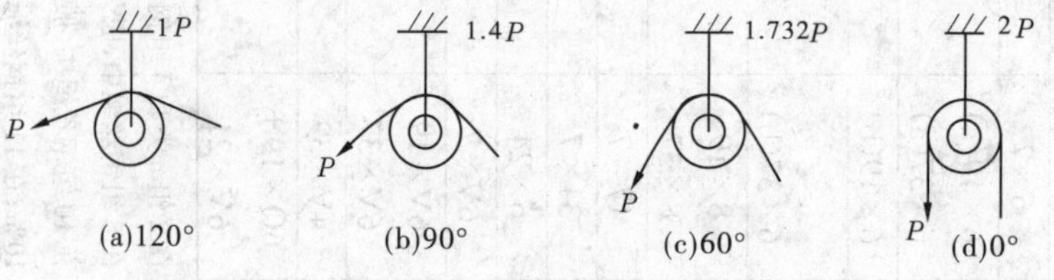

图 3-1 导向滑轮使用形式

(二)单滑轮吊装

单滑轮吊装也和导向滑轮一样,使用形式不同,各部分受力也不同,如图 3-2 所示。另外,定滑轮能改变受力方向,而不能省力;动滑轮能省力,而不能改变力的方向。所以在实际使用中,对于它们的受力大小及其作用特性应特别加以注意。

(三)直绳受拉

直绳受拉,绳所受到的力都是 1 倍端拉力,不能误认为是 2 倍端拉力,其道理就是作用力与反作用力相平衡,如图 3-3 所示。

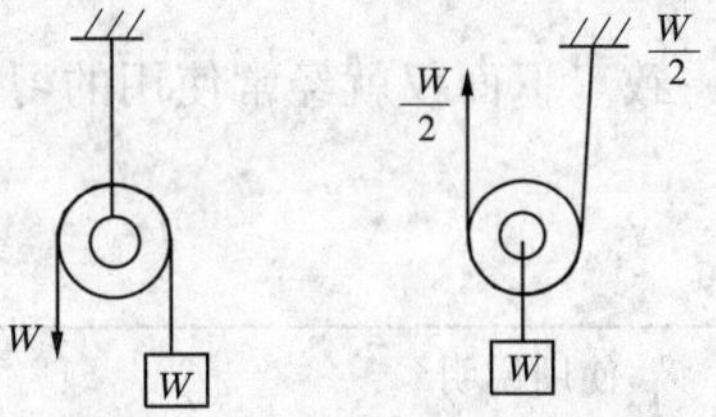

图 3-2 单滑轮吊装形式

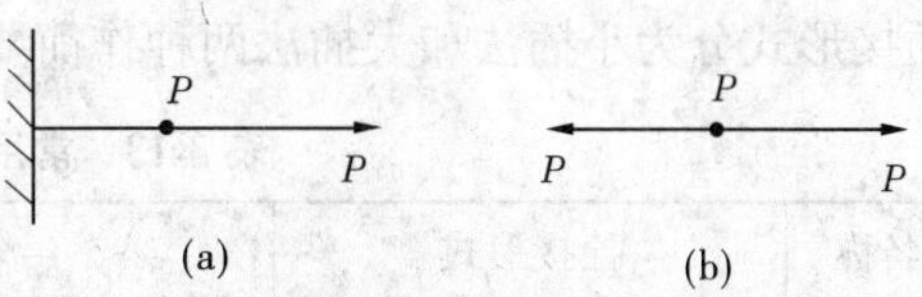

图 3-3 直绳受拉形式

(四)带角度的捆绑绳扣受力

采用带角度的捆绑绳扣吊装设备、管道和金属结构件等在施工中应用相当普遍,但是绳扣受力与吊钩处绳子夹角的大小有直接关系,如图 3-4 所示。夹角大绳受力大,夹角小绳受力小。若夹角过小,则受吊装索具高度限制。因此,一般规定夹角不大于 60°,这样既有利于设施索具条件的需要,同时也避免了绳扣受力过大的因素存在。

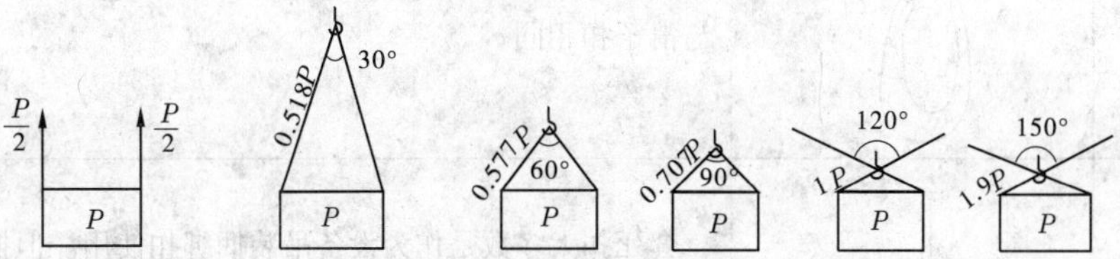

图 3-4 带角度捆绑绳扣受力形式

(五)单点捆绑绳扣

单点捆绑绳扣的应用也十分普遍。它虽然没有角度因素影响,但是在弯曲处同时存在着拉剪作用,有效工作绳断面显著减小。因此,在选择绳扣时,必须按图 3-5 所示图例进行分析,找出其中的薄弱点,据此来选择绳的规格。

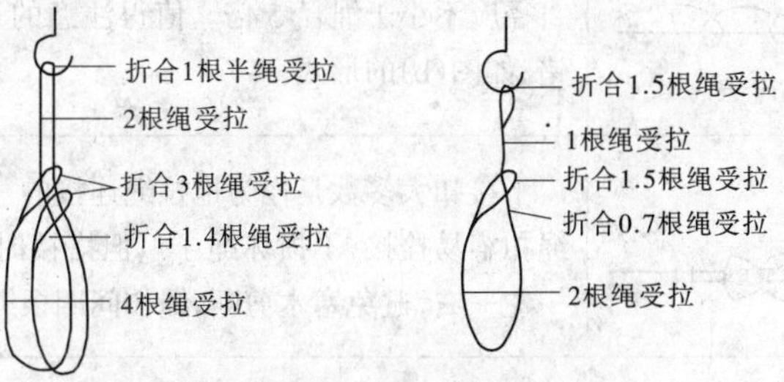

图 3-5 单点捆绑绳扣形式

七、常用钢丝绳扣的插接形式与方法

绳扣与绳插接在不同工作单位和操作现场，很难一致。现将施工现场习惯采用的几种类型简要介绍如下。

（一）拴接绳扣

包括滑子扣、双滑扣（双环扣）、套死扣、倒扒扣、平接扣、八字扣、背扣、抬扣、压扣，见表3-13。

（二）钢丝绳插接类型与操作方法

钢丝绳插接类型很多，各地采用形式和俗名也不一致。下面仅就经常使用的习惯用名和插接形式分为小插法和大插法两种作简要介绍。

表 3-13　常用钢丝绳扣

绳扣名称	拴接形式	使用说明
滑子扣		滑子扣大多数是作为钢丝绳末端固定绳扣使用。但设置时应在扣环间塞以圆木或钢管，以减少绳子弯曲，降低承拉能力。其直径不小于绳径的5倍
双滑扣 （双环扣）	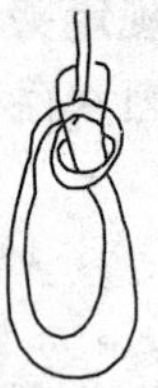	双滑扣大多数是作为钢丝绳中间固定绳扣使用。其他要求与滑子扣相同
套死扣	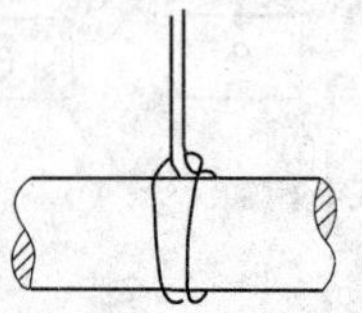	套死扣大多数是作为设备吊装捆绑扣使用。但捆绑时必须与设备扣紧，不准留有空隙。为了防止吊装时发生滑脱，一般都采取在设备体上绕一圈后结扣，或在设备圆周垫些木板条
倒扒扣	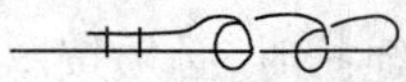 (a)正确 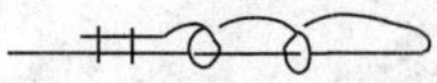 (b)错误	倒扒扣大多数是作为拖拉绳末端固定扣使用。为了减少绳子弯曲过大和降低承拉能力，在倒扒扣环间塞以圆木或钢管，直径应不小于绳径5倍。值得注意的是，倒扒扣有时容易拴错，如图(b)的形式
平接扣	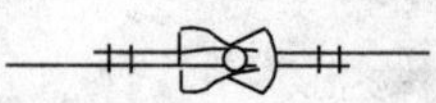	平接扣大多数是作为拖拉绳连接的一种延长扣使用。这种绳扣容易拴接，不损坏绳子。但搭接时应注意绳子两头保持一左一右，避免塞木剪断，绳扣间四根绳受力不均

续表 3-13

绳扣名称	拴接形式	使用说明
八字扣	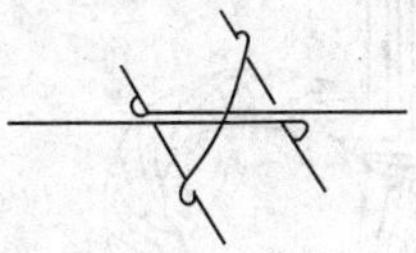	八字扣是独木、钢管桅杆和两木塔顶端拴接拖拉绳的一种绳扣。搭设时应注意两绳头引出折向后方(如图所示),以免绳子弯曲受剪,降低抗拉能力。这样搭设是最基本的形式
背扣	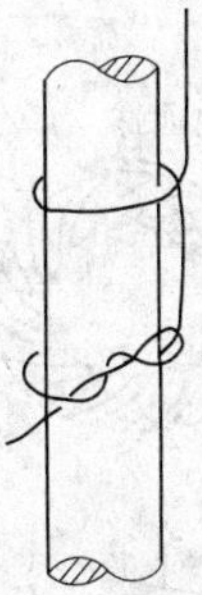	背扣是用于小物件吊装的一种绳扣。如型钢和脚手杆子向高空递送。在大型桅杆顶端无拖拉绳拴接装置时也可采用这种形式拴接拖拉绳
抬扣	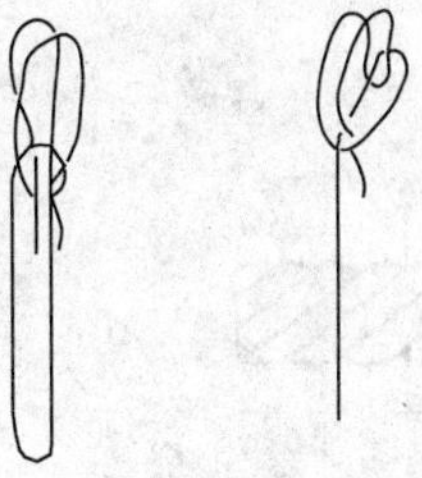 (a)双抬 (b)单抬	抬扣是在地面用人力搬运物件的一种扁担抬扣,包括单抬扣和双抬扣两种。使用抬扣要注意绳端向下拉紧,当缠绕绳环受力时能够压紧各绳股
压扣		压扣一般是拖拉地面上的物体时所用的绳扣。这种绳扣可以在钩头上缠绕一圈,也可以缠绕两圈(更安全)。使用时要注意绳在钩头上的位置,过高过低都会压不住的

小插法钢丝绳扣与直绳是将插接绳头分股插入被插绳内的一种方法。这种方法按其形式又分为跑插和花插两种。跑插适用于直径大于 25 mm 的钢丝绳,花插适用于直径小于 25 mm 的钢丝绳。绳扣与直绳插法基本一样,只不过直绳需要一头插完再插另一头。绳扣插接的长度不小于绳径的 20 倍。直绳插接的长度一头为 20 倍绳径的长度,两头一共是 40 倍绳径的长度。花插也可以按插钎数去考虑,一般插 27 钎子即可。实践证明,插 24 钎子就可以安全使用了。

1. 跑插绳方法

首先从被插入钢丝绳的第一缝内分别插进破头 1、2、3,见图3-6(a)所示。为了进一步说明钢丝绳第多少缝和破头是第几根，分别把它们进行编号(见图 3-7)。掌握了被插入钢丝绳的缝数编号和破绳头的编号(见图 3-8)，就能了解插绳扣各种方法之间的关系。

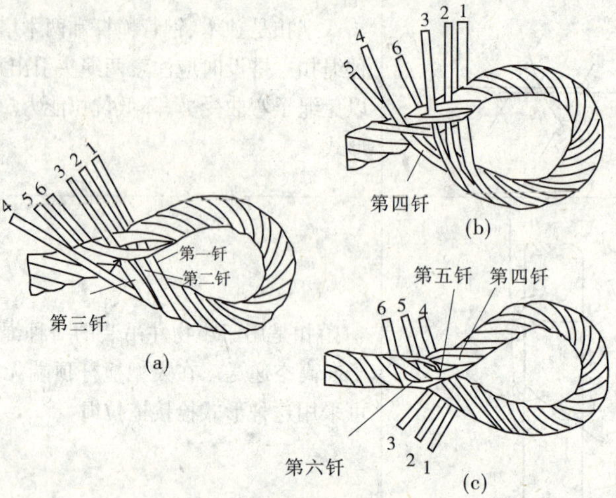

图 3-6　小插起头

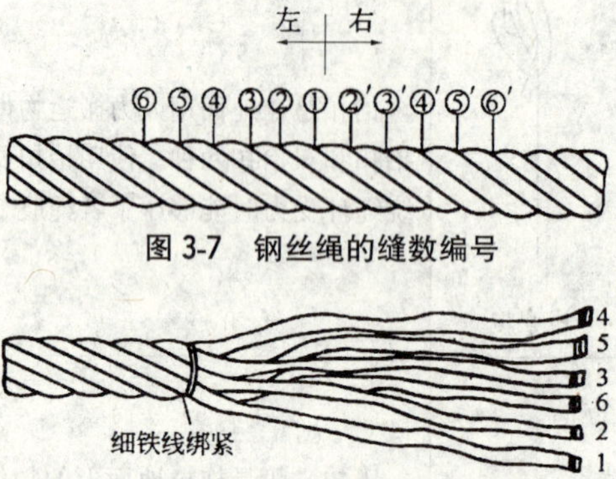

图 3-7　钢丝绳的缝数编号

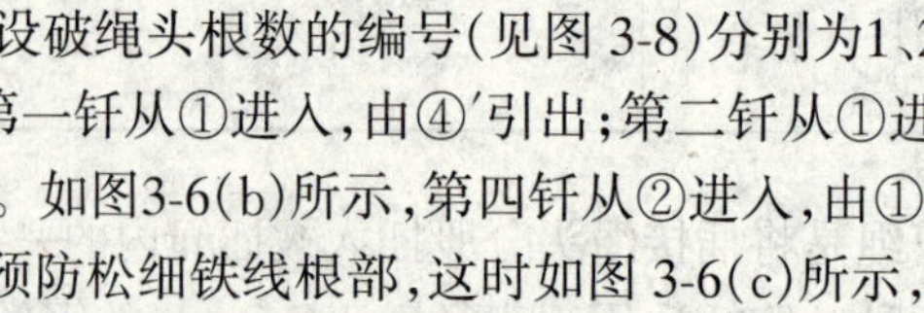

图 3-8　破绳头

设钢丝绳缝数编号从①第一缝(见图 3-7)向左，分别为②、③、④、⑤、⑥，从①向右为②′、③′、④′、⑤′、⑥′。设破绳头根数的编号(见图 3-8)分别为1、2、3、4、5、6。

如图3-6(a)所示，第一钎从①进入，由④′引出；第二钎从①进入，由③′引出 2；第三钎从①进入，由②′引出 3。如图3-6(b)所示，第四钎从②进入，由①引出 4。接着把 1、2、3、4 股拉紧，使被插绳紧靠预防松细铁线根部，这时如图 3-6(c)所示，第五钎从③进入，由②引出 5；第六钎从④进入，由③引出 6。这就完成了起头任务，随后麻芯用钎子赶入被插绳芯内(割掉也可以)，然后按次序 1 绕⑤④间股，2 绕⑥⑤间股……顺钢丝绳编制捻向，大致相距绳外圆120°角位置插入，形成 1 对⑤④间股绕缠。其他股依此类推，剩余股头用克刀切掉即可。

2. 花插的方法

花插绳起头与跑插法完全一致，然后从⑥进钎挑二股由④引出 1；从⑦进钎挑二股由⑤引出 2，依此类推。这样就形成插股绕压前股，习惯上称这种插法为挑二压一。但这里必须注意，跑插法可以选任意一股自始至终一次插完，然后再换第二股；花插法只能按次序一股插一扣齐头并进，否则容易插错。

3. 大插绳方法

首先将插接绳的两端头按图 3-9 中的规定长度破股，切掉麻芯，并每隔一股切掉一股，使两插绳头按一长股一短股对顶，然后按短股后退，长股跟随。当长短股都留下 $50d$ 长时，再从这两股交会点左右两侧的被插接绳中相当于余留股长（$50d\times2$）取出麻芯切掉，并将这两根余留股当做绳芯赶入绳内即可。这种插法的最大特点是，不会增大绳的直径，适合穿滑轮组起吊绳的插接。这里要注意的问题是，接绳端每一侧有 3 对股头需要赶入绳芯内，所以赶入点的具体位置，应按绳破头股长的 1/3 等距间隔，不准赶入股重叠和任意定距。

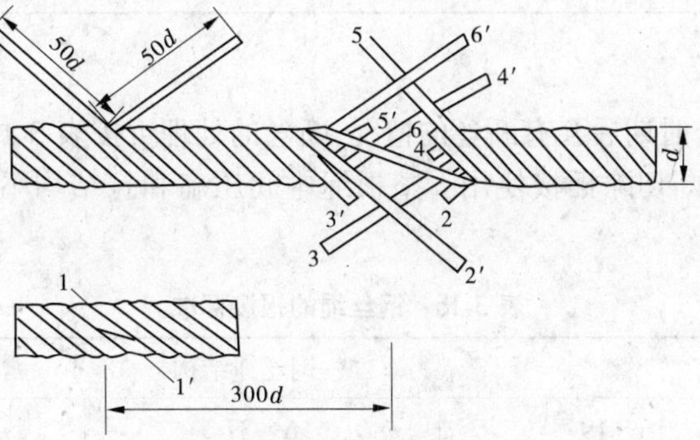

图 3-9 大插法钢丝绳

八、钢丝绳的检验与报废标准

（一）直径减少

直径磨损不超过 40%，允许使用，但要折减；若要超过 40%，应按报废处理。

直径的测量方法如下。

（1）钢丝绳直径应用带有宽钳口的游标卡尺测量。其钳口的宽度要足以跨越两个相邻的股，见图 3-10。

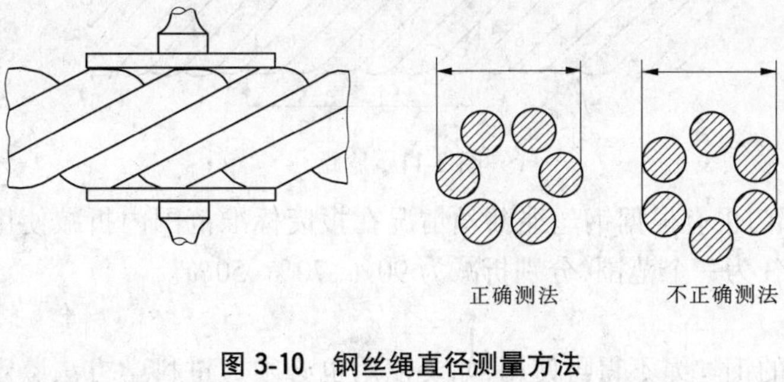

图 3-10 钢丝绳直径测量方法

（2）测量应在无张力的情况下，在钢丝绳端头 150 mm 外的直线部位上进行，在相距至少 1 m 的两截面上，并在同一截面不同方向上各测量一个直径。

(3)四个测量结果的平均值作为钢丝绳的实测直径。

(4)在有争议的情况下,直径的测量可在给钢丝绳施加其最小破断拉力 5%的张力情况下进行。

(二)表面腐蚀

钢丝绳长期使用后,受自然和化学腐蚀是不可避免的。当整根绳外表受腐蚀的麻面凭肉眼显而易见时,钢丝绳就不能使用。如果只是局部受腐蚀,可将其腐蚀部分切去,插接使用。受腐蚀的钢丝绳也要根据腐蚀的程度折减使用,见表 3-14。

表 3-14　折减系数

钢丝表面磨损量或锈蚀量	10%	15%	20%	25%	30%~40%	>40%
折减系数(%)	85	75	70	60	50	0

(三)结构破坏

钢丝绳使用一个时期后会有断丝的情况,断丝的处理可按表 3-15 进行。钢丝绳整股破断应报废,或者剁断切除插接使用。整根绳中间压扁和打结均不准使用,或可采取切除一段插接使用。

表 3-15　钢丝绳的报废标准

安全系数	钢丝绳结构					
	6×19		6×37		6×61	
	在一个捻距内破断钢丝根数					
	顺绕	交绕	顺绕	交绕	顺绕	交绕
<6	12	6	22	11	36	18
6~7	14	7	26	13	38	19
>7	16	8	30	15	40	20

捻距就是同一股钢丝绕钢丝绳一周的距离,如图 3-11 所示。捻距也叫节距。

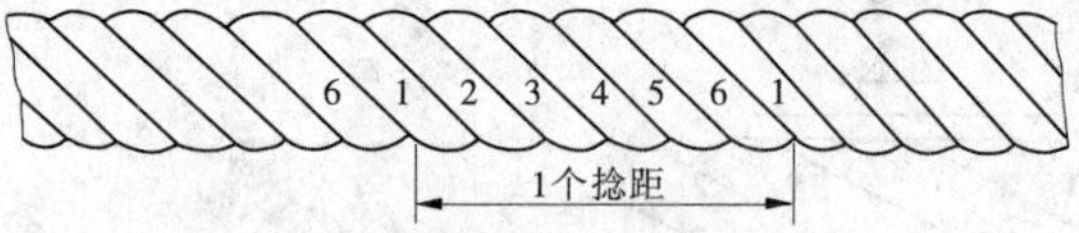

图 3-11　捻距

现在有些部门也有根据钢丝绳断丝情况在报废标准范围内折减使用。一般是按报废标准断丝数 1/3 为一个范围,分别折减为 90%、70%、50%。

(四)超载

超载使用过的钢丝绳不得再使用,如要使用也必须通过科学方法鉴定降低使用。对于求知超载使用过的钢丝绳,一般可通过检查外观有无严重变形、结构破坏、纤维芯挤出或有无明显的蜷缩、聚堆等现象来判断。

半,其中包括钢丝表面磨蚀进行的折减。

九、钢丝绳维护与保养

使用和储存钢丝绳时,钢丝绳的机械磨损、自然腐蚀和局部触伤等情况是经常发生的。为了减少或避免这种情况,一般规定使用和储存钢丝绳时,要定期涂刷保护油。对长期使用的钢丝绳,至少每隔 4 个月要涂刷一次,短期使用不超过一年的,原则上在使用前涂刷一次即可。

对于入库储存的钢丝绳,除了预先将绳表面污垢清除干净涂刷一层保护油外,还应把钢丝绳轻松卷成圆盘,平放在木板台上,以防受潮,造成损失。

保护油成分如下:

油膏—煤焦油 68%,石油沥青 10%,松香 10%,凡士林 7%,石墨 3%,石蜡 2%;

油膏—黄干油 90%,牛油 10%;

油液—黄干油 90%,石油沥青 10%。

浸油施工工艺把油液加热至 200～250 ℃,将分成的小盘钢丝绳浸入油中加热 15～20 min,然后取出晾干即可。

十、使用钢丝绳的一般要求

(1)计算钢丝绳能力应根据受载形成和施工现场来确定安全系数,不准任意降低。严禁超负荷使用。

(2)使用钢丝绳前应进行质量检查,做出评定和必要的处理。

(3)使用钢丝绳过程中,要经常注意避免打结、压扁、刬伤、电弧打伤、滑动摩擦、化学介质侵蚀和长时间被水浸泡等现象。

(4)钢丝绳表面应定期涂刷保护油。

(5)钢丝绳通过卷筒和滑轮组,轮毂与绳径之比不得小于 10 倍。

(6)滑轮绳槽半径应大于绳半径的 1/6。

(7)接长钢丝绳应根据需要决定采用小插接和大插接形式,插接股长度不得小于本章的规定。

(8)从卷扬机到第一个导向滑轮的距离不得小于 20 倍的卷筒长度。

(9)不同的用途要选择合理的钢丝绳结构形式,如拖拉绳可选择 6×19 结构形式的钢丝绳,做起吊绳则选择 6×37 结构形式的钢丝绳。

(10)新钢丝绳开卷解开时,方法要正确,如牵引车水平延拉放劲,吊车吊起绳盘空中旋转放劲,或人工手摇放劲。避免由于方法不当使钢丝绳形成环圈扭结,绳股产生弯曲疲劳,降低使用寿命。

(11)切断钢丝绳时,为避免绳子头松散,应预先用细铁丝扎紧切断处的两端,切断后立即将断口处的每股钢丝熔合在一起。

(12)钢丝绳不得与电焊导线或其他电线接触,当可能相碰时,应先采取防护措施。

(13)钢丝绳经过架空输电线上方时,应搭设牢固的竹(木)过线桥架;在架空电线的一侧或下方工作时,钢丝绳与架空输电线的安全距离应符合表 3-16 的规定。

表 3-16　钢丝绳与架空输电线的安全距离

输电导线电压(kV)	<1	1～15	20～40	60～110	<220
安全距离(m)	1.5	3	4	5	6

(14)履带式车辆越过钢丝绳时,应对钢丝绳采取有效的保护措施,不得直接压在钢丝绳上。

(15)钢丝绳不得与工件或构筑物的棱角直接接触,否则应采取保护措施。

十一、钢丝绳的检查验收及拉力试验

(一)钢丝绳破断拉力试验

(1)钢丝绳整绳破断拉力的测定方法按 GB 9358 的规定执行。

(2)钢丝绳内钢丝破断拉力总和的测定方法按如下规定。

当试验钢丝绳内全部钢丝时,是将每根钢丝的实测破断拉力相加。

不试验钢丝绳内部部分钢丝时,钢丝破断拉力总和按下式计算:

$$F = (F_1 + F_2)N \tag{3-11}$$

式中　F——钢丝绳破断拉力总和;

F_1——一股中钢丝的实测破断拉力之和;

F_2——一股中不参加试验钢丝的计算破断拉力,该值按制绳各钢丝公称直径和公称强度计算;

N——钢丝绳全部股数。

多层股钢丝绳,取大于 1 股试验时,则应以其平均值来计算 F 值。

钢丝破断拉力总和确定后,根据不同结构钢丝绳力学性能表给出的换算系数,计算出整绳的破断拉力。

(二)钢丝绳的检查验收

钢丝绳出厂前的检查与验收由供方技术监督部门进行。

需方的验收可委托有钢丝绳检定资格的检测部门进行。验收的依据是 GB/T 8918—1996 和订货合同(对到货的绳可逐条或随机取样),验收期不应超过 1 年。

1.验收方法与取样数量

有两种方法由供需双方协商选定,订货合同中未注明者,由生产厂自行决定。

方法一:钢丝绳成批提交验收。组批规则:每批由同一结构、同一公称直径、同一公称强度、同一用途级别和同一表面状态的钢丝绳组成。

按组批规则试验后,如果各钢丝绳性能级别不同,则同一批中未试验的钢丝绳按性能级别低的出厂,否则逐条验收。

从每批(N)中任选 n 条钢丝绳的一端截取足够长度的试样,按本小节规定进行整绳破断拉力试验。

每批钢丝绳(N)的取样数量(n)按表 3-17 的规定。

表 3-17 每批钢丝绳的取样数量

每批钢丝绳数量 N	试样数量 n	附加试验的试样数量	每批钢丝绳数量 N	试样数量 n	附加试验的试样数量
1	1	—	16～25	4	4
2	2	—	26～40	5	5
3	3	—	41～65	7	7
4	3	1	66～110	10	10
5	3	2	111～180	15	15
6～15	3	3	181～300	20	20

方法二:逐条验收。从每条钢丝绳的一端取样,拆取一股足够长度的钢丝试样(焊接点除外),按 GB/T 8918—1996 标准的 5.4.1 规定进行各项试验,按本小节规定的方法进行钢丝破断拉力总和测定。需方要求 100%拆股试验,应在订货合同中注明。

2.不松散检查

将钢丝绳一端解开相对立的两个股,约有两个捻距长,当这两个股重新恢复到原位后,不应自行再散开(四股扇形股钢丝绳除外)。

3.外观检查

按本节第八小节规定检查验收,必要时折减能力或报废。

十二、钢丝绳使用知识问答

(1)钢丝绳使用中,应特别注意哪些部件的使用情况?

答:①钢丝绳运动和固定的始末端部件;②通过滑轮组或绕过滑轮的绳段;③位于平衡滑轮的绳段;④由于外部因素可能引起磨损的绳段;⑤腐蚀及疲劳的内部检查。

(2)钢丝绳的报废标准包括哪些内容?

答:①断丝的性质和数量;②绳端断丝;③断丝局部聚集;④断丝的增加率;⑤绳股断裂;⑥由于绳芯损坏而引起的绳径减小;⑦弹性减小;⑧外部及内部磨损;⑨外部及内部腐蚀;⑩结构破坏、变形。

(3)什么原因造成钢丝绳绳端断丝?如何处理?

答:当绳端或其附近断丝时,即使数量很少也表明该部位应力很高,可能是由于绳端安装不正确造成的。应当查明原因,如果绳长允许,应将断丝的部位切去重新合理安装。

(4)钢丝绳断丝的局部聚集达到什么程度应报废处理?

答:如果断丝紧靠一起形成局部聚集,则钢丝绳应报废。如这种断丝聚集在小于 $6d$ 的绳径范围内,或者集中在任一支绳股里,那么即使断丝数比规定的数值少,钢丝绳也应予报废。

(5)钢丝绳断丝的增加率形成的主要原因是什么?如何确定未来报废日期?

答:在某些使用场合,疲劳是引起钢丝绳损坏的主要原因,断丝则是在使用一个时期以后才开始出现,但断丝数逐渐增加,其时间间隔越来越短。在上述情况下,为了断定断丝的增加率,应仔细检查并记录断丝情况,判断这个规律可用来确定钢丝绳的未来报废日期。

(6)钢丝绳绳股断裂报废标准是什么?

答:如果出现整根绳股断裂,则钢丝绳应报废。

(7)钢丝绳由于绳芯损坏而引起的绳径减小到什么程度时应报废?

答:当钢丝绳的纤维芯损坏或钢芯(或多层结构中的内部绳股)断裂而造成绳径显著减小时,钢丝绳应报废。

(8)钢丝绳弹性减小有哪些现象?

答:①绳径减小;②钢丝绳捻距伸长;③由于各部分相互压紧,钢丝之间和绳股之间缺少空隙;④绳股凹处出现细微的褐色粉末;⑤虽未发现断丝,但钢丝绳明显的不易弯曲,而且直径减小比起单纯由于钢丝磨损而引起的也要快得多。这种情况会导致在动荷载作用下突然断裂,故应报废。

(9)什么原因造成钢丝绳外部磨损?结果如何?

答:钢丝绳外层绳股的钢丝表面磨损,是由于它在压力作用下与滑轮和卷筒的绳槽接触摩擦造成的。这种现象在吊载加速和减速运动时,钢丝绳与滑轮接触的部位特别明显,并表现为外部钢丝磨成平面状。润滑不够或不正确的润滑以及表面存在灰尘和砂粒都会加剧磨损。磨损使钢丝绳的断面积减小,因而强度降低。

(10)钢丝绳的变形从外观上区别分为哪几种?

答:波浪形、笼状畸形、绳股挤出、钢丝挤出、绳径局部增大、扭结、绳径局部减小、部分压扁、弯折、由于电弧的作用而引起的损坏。

(11)钢丝绳检验中发现何种变形时应报废?

答:①断丝超过标准;②严重腐蚀;③结构破坏;④直径减小;⑤严重磨损。

(12)小插接绳子有几种锥子?适用的条件是什么?

答:有5种:扁头锥子、圆锥子、扁钩锥子、弯锥子、小刀。常用的有扁头锥子,适用于花插绳子。圆锥子适用于滚插绳子。钩锥子适用于大插接绳子。

(13)钢丝绳受力程度在施工现场如何判定?

答:①脚试:a.有弹性,表明在允许受力范围内;b.有反弹性,表明满载或超载。②渗油:a.新绳已出油珠,表明在允许受力范围,但接近允许使用能力的75%;b.新绳已开始落油珠,表明已达到满载。③绳卸载状态:a.自由原状,表明绳子受力正常;b.卷缩聚集,表明受力过载。

(14)插编钢丝绳吊索工艺有哪些技术要求?

答:①单肢使用的钢丝绳吊索,用手工插接应全部采用二锥双花;②插花的总数不得少于21花;③插接长度应为钢丝绳直径的20倍;④插接完毕后留尾头不小于25 mm,不大于30 mm,多余部分应当切割去掉。

(15)什么是钢丝绳吊索的效率系数?

答:钢丝绳吊索在拉伸试验时的破断拉力与所选用钢丝绳的最小破断拉力之比。

(16)计算钢丝绳吊索工作极限载荷时,需要哪些数据?

答:①钢丝绳最小破断拉力;②接头形式效率近似系数:压管接头取0.9,插编接头取0.7;③使用系数;④破断拉力换算系数。

(17)插接一根直径 $d=20$ mm,有效长度为6 m的钢丝绳扣,试计算下料的长度,插接操作程序是什么?

答:下料长度 = 6 m + 120d = 6 000 mm + 120×20 mm = 8 400 mm。

其中,环长 20 d;插接长 20d;余切头 20d;两侧共计 60d×2 = 120d。

操作程序是:下料—破头—围环—入头—滚入绳芯—插接—切头。

第三节　吊装带

一、吊装带的主要特点

合成纤维吊装带及其系列产品具有以下优点:①重量轻,柔性好,易弯曲,使用方便;②不伤被吊物体表面,保护性强;③起重平衡,安全系数高;④有较高的抗拉强度,色彩鲜艳;⑤绝缘;⑥寿命长,耐腐蚀、耐磨性能好;⑦提高劳动效率,节约成本;⑧用途广泛,广泛用于航空、航天、核电建设、军工制造、港口装卸、电力安装、机械加工、化工钢铁、造船、交通运输等各个领域。

因此,合成纤维吊装带日趋应用于现代化、科技化、国际化吊装施工现场。

二、吊装带技术特性、规格分类及力学性能

目前,国产吊装带的生产厂家非常多,以下介绍的吊装带技术特性为河北徐水维得利吊索具制造有限公司产品。

(一)技术特性

技术标准:JB/T 8521—1997;材料:涤纶、丙纶、锦纶;安全系数:6~8;延伸度:极限工作力下 2%~5%;长度:根据客户要求;类型:单层、双层、四层。

(二)规格分类及力学性能

按形状分:圆筒吊带、圆状吊索、圆形吊索、圆筒吊索、圆形吊带、扁吊带、扁状吊带、扁吊装带、扁平吊带、扁平吊索、扁吊索。

按用途分:耐酸吊带、耐碱吊带、高强吊带、高强纤维吊带、防腐吊带。

按使用方式分:牵引带、起重吊装带。

不同生产厂家对吊装带的分类有所不同。但是,对于建筑施工中常用的起重吊装带,维得利公司提供的 A 型、B 型、管道吊装带基本满足了施工的要求。表 3-18~表 3-20 为这三种吊装带的技术数据。其他生产厂家的吊装带承载特性基本相同。

A 型吊装带是编织的耐磨外套,内穿高强度绳芯而成的环形吊索(亦称“万能吊索”),是应用最广泛的软吊索之一。环形结构可使吊索本体循环磨损,吊索使用寿命更长。

B 型吊装带是整体编织结构。带体挺实,穿挂方便,对纸箱、保温泡沫塑料等较脆弱表面的物体尤其实用。

管道吊装带是宽幅吊带,专用于管道施工,可实现无依托抽取吊带,保证施工质量和提高施工效率。

三、吊装带使用的一般要求

(1)吊装带使用前,必须进行外观检查,不得有破裂、腐蚀等缺陷。

(2)吊装带使用前,应该确定其额定载荷,不得随意超载使用。表3-18~表3-20中的额定载荷是按6倍安全系数计算的,如果用于安全系数大于6倍的场合,必须按破断载荷重新计算额定载荷值。

表3-18　A型吊装带力学特性

最大安全工作载荷=方式系数 P×额定载荷				吊装方式最大安全工作载荷				
吊带型号	颜色	最小破断载荷(kg)	额定载荷(kg)	垂直吊 $P=1$	结套吊 $P=0.8$	45°吊 $P=1.8$	90°吊 $P=1.4$	近似直径(mm)
FA01	深蓝	6 000	1 000	1 000	800	1 800	1 400	18
FA02	墨绿	12 000	2 000	2 000	1 600	3 600	2 800	20
FA03	浅黄	18 000	3 000	3 000	2 400	5 400	4 200	22
FA05	粉红	30 000	5 000	5 000	4 000	9 000	7 000	27
FA08	天蓝	48 000	8 000	8 000	6 400	14 400	11 200	38
FA12	浅灰	72 000	12 000	12 000	9 600	21 600	16 800	49
FA20	浅褐	120 000	20 000	20 000	16 000	36 000	28 000	64
FA30	粉褐	180 000	30 000	30 000	24 000	54 000	42 000	78

表3-19　B型吊装带力学特性

最大安全工作载荷=方式系数 P×额定载荷				吊装方式最大安全工作载荷				
吊带型号	颜色	最小破断载荷(kg)	额定载荷(kg)	垂直吊 $P=1$	平行吊 $P=1.8$	45°吊 $P=1.8$	90°吊 $P=1.4$	近似宽度(mm)
FB01	紫色	6 000	1 000	1 000	2 000	1 800	1 400	55
FB02	浅绿	12 000	2 000	2 000	4 000	3 600	2 800	65
FB03	黄色	18 000	3 000	3 000	6 000	5 400	4 200	75
FB05	红色	30 000	5 000	5 000	10 000	9 000	7 000	95
FB08	浅蓝	48 000	8 000	8 000	16 000	14 400	11 200	117
FB12	灰色	72 000	12 000	12 000	24 000	21 600	16 800	135
FB20	褐色	120 000	20 000	20 000	36 000	36 000	28 000	200
FB30	咖啡	180 000	30 000	30 000	54 000	54 000	42 000	300

表3-20　管道吊装带力学特性

吊带型号	破断载荷(kg)	额定载荷(kg)	近似宽度(mm)
FD01	6 000	1 000	60
FD02	12 000	2 000	80
FD03	18 000	3 000	100
FD05	30 000	5 000	120
FD08	48 000	8 000	150
FD12	72 000	12 000	200
FD20	120 000	20 000	300

(3)吊装带使用中，不得扭结。严禁与锐利的物体直接接触，无法避免时，应垫保护物。

(4)非防腐吊装带，不得与酸、碱等腐蚀物接触。

(5)吊装带应存放于通风、干燥的地方，不得受潮。非耐高温的吊装带不得受热。

(6)尽量避免多股使用吊装带。如果多股使用，必须进行受力计算。

(7)吊装带的使用长度、额定载荷不满足要求时，可以与生产厂家协商特殊加工制作专用吊装带。

(8)由于各种吊装绳索的延伸率不同，因此吊装带不得与钢丝绳一起成对使用。

(9)不同生产厂家吊装带的颜色不可能不同，使用中不能完全凭借颜色判断其额定载荷值。

第四节　焊接链

一、焊接链结构和规格

焊接链是由一长串长圆形链环所组成。链环由 Q215、Q235、20MnZ 和 20MnV 圆钢经锻焊或煨焊制成。

焊接链按节距 t（一节距 t 为一个链环长）与圆钢直径 d 的比值不同，分为长环链和短环链两种。$t/d \geqslant 5$，称长环链，不适用于起重机。短环链尺寸如图 3-12 所示，适用于起重机，因为它绕在滑轮或卷筒上时，和链环相切处所产生的弯曲应力要比长环链小得多。

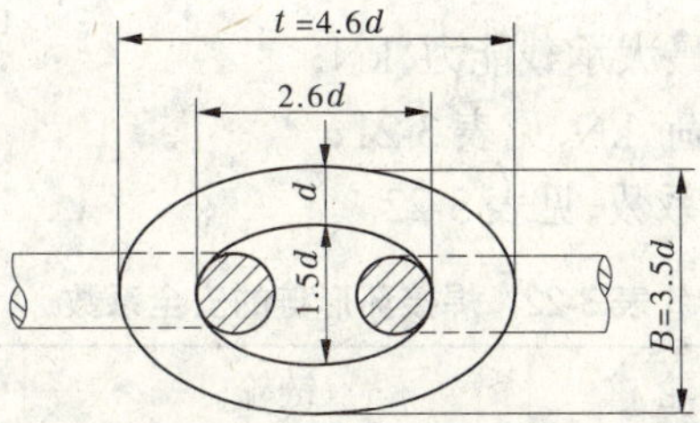

图 3-12　短环焊接链

短环链焊制中，按制造精确度不同，又分为规格链（标准链）与非规格链两种。

当链条绕过滑轮光滑表面时，链环长度有些误差是无关紧要的，所以节距误差允许到 $\pm 0.1\,d$。这种链条称为非规格链。

因为链条用在平滑轮时，它能沿轮面滑动，所以必须把它的末端固定才能负担载荷。反之，就需要链条绕过表面有椭圆凹槽的滑轮（如链式滑车上的牵引拉链），这就要求链环准确地落在凹槽中，则节距误差不得大于 $0.03d$，宽度误差不得大于 $\pm 0.05d$。这种链条称为规格链。焊接链的技术规格见表 3-21。

焊接链的优点是对于任何方向都有较好的挠性，在弯曲时产生的弯曲应力较其他挠性件小得多。但是焊接链有自重大、多磨损、对冲击负荷极为敏感和突然断裂等缺点。使用时应多加注意检查。

表 3-21　焊接链的技术规格

链环尺寸(mm)			试验拉力(kN)	破断拉力(kN)	理论质量(kg/m)	链环尺寸(mm)			试验拉力(kN)	破断拉力(kN)	理论质量(kg/m)
d	*t*	*B*				*d*	*t*	*B*			
5	19	17	3.2	6.4	0.5	23	76	64	105	210	12
6	21	19	5.0	10.0	0.8	26	84	72	133	266	15
7	24	21	7.5	15.0	1.2	28	91	78	156	312	17.4
8	27	23	11.0	22.0	1.5	30	98	84	178	356	20
9.5	32	27	15.0	31.0	2.0	32	104	91	205	410	22.1
11	36	31	22.0	44.0	2.7	35	114	98	232	464	27.5
13	43	36	33.0	66.0	3.9	38	123	106	274	548	32.5
15	53	44	51.0	102	5.0	41	133	114	318	636	38
18	58	50	64.0	128	7.3	44	148	123	366	732	43.5
20	66	56	80.0	160	9.2	48	151	134	435	872	52

二、焊接链的计算

无论规格链与非规格链(皆指短环链),每个链环所受的弯曲力是不完全一致的,每一个链环焊接点的材料结构也是不完全相同的,所以要想精确地计算出链条允许的承载能力是相当困难的。在工业应用中,一般采用的破坏载荷计算法,既简单又比较实用。

$$[S] = P/K \tag{3-12}$$

式中　$[S]$——链条允许的最大承载能力,kN;

P——链条的破坏载荷,kN,见表 3-21;

K——链条使用安全系数,见表 3-22。

表 3-22　焊接环形链的安全系数

使用情况	光卷筒或滑轮		链轮		捆绑物品	吊挂用(带小钩、小环等)
	手动	机动	手动	机动		
安全系数	3	6	4	8	6	5

式(3-12)是按拉伸的破坏载荷考虑的。实际上当焊接链在卷筒和链轮及滑轮上工作时,由于横向弯曲的缘故,对于焊接链的强度是有很大影响的。为此,必须控制卷筒直径 D(或滑轮轮径)和链的钢材直径 d 之比,以减少横向弯曲的影响。

人力驱动:$D \geqslant 20d$

机械驱动:$D \geqslant 30d$

三、焊接链末端接头

与起重小车车架的连接方法见图 3-13(a)。

与起重钩的连接方法见图 3-13(b)、(c)。

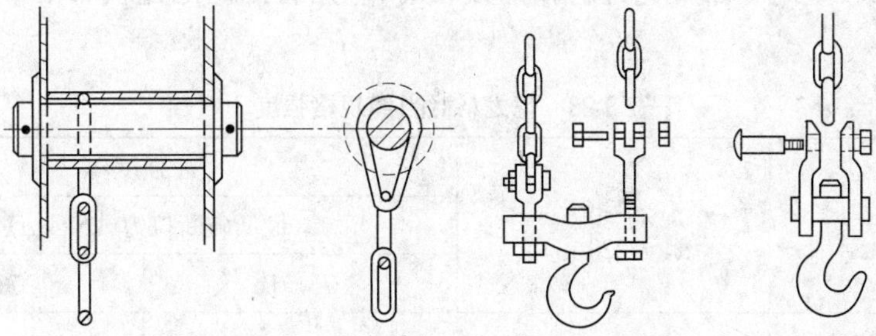

(a) (b) (c)

图 3-13 焊接链末端接头形式

四、焊接链使用注意事项

(1)焊接链使用前应搞清其技术质量标准,应有生产检验部门签发的合格证,并在链条上作出下述标记:①质量等级标志,每隔 20 个链环长度或每米长度(两者中取小值)上,明显地压印或刻印质量等级的代号;②在链条的所有端部,由检查人员作出明显的检验标志。

(2)使用时严禁超负荷、扭紧、横向受力,使用后要妥善保管,以防生锈、腐蚀。

(3)焊接链出现下述情况之一时,应报废:①裂纹;②链条发生塑性变形,伸长达原长度的 5%;③链环直径磨损达原直径的 10%。

第五节 尼龙(锦纶)绳

一、尼龙(锦纶)绳规格

尼龙绳适用于起运和吊装表面光洁的零部件、软金属制品、玻璃钢制品、磨光的轴销,或其他表面不许磨损的设备。表 3-23 给出了其规格强度。

二、尼龙(锦纶)绳使用注意事项

(1)尼龙绳只能用于手动的起重滑车组,或用于捆绑起吊的工件,可作为起重用的辅助绳索。

(2)使用尼龙绳前必须进行外观检查。当尼龙绳表面均匀磨损不超过直径的 20%、局部触伤不超过同截面直径的 10%时,可按直径折减降低级别使用,如发现断股现象,则严禁使用。

(3)尼龙绳使用中,严禁与锐利物体直接接触,如绑扎带棱角物体时,应在物体的棱角处垫上衬垫物以防损伤。

(4)尼龙绳在地面水平运输设备上使用时,安全系数不得小于 3;当做拖拉绳使用时,安全系数不得小于 6;在当做跑绳使用时,安全系数不得小于 8;当做绳扣使用时,安全系数不得小于10。其规格强度应符合表3-23的规定。

(5)当起吊较重的表面不允许磨损的设备时,应用特制的尼龙帆布吊带或棉帆布吊带。

表3-23　尼龙(锦纶)绳规格强度

直径(mm)	质量(kg/220 m)	强度 最低破断拉力(kN(kgf))	
		73－B	73－C
6	5.2	7.65(780)	7.65(780)
8	9.3	15.00(1 530)	13.63(1 390)
10	14.5	19.02(1 940)	17.16(1 750)
12	21.0	23.83(2 430)	21.57(2 200)
14	28.4	34.91(3 560)	31.38(3 200)
16	37.1	37.66(3 840)	33.93(3 460)
18	47.0	48.44(4 940)	43.54(4 440)
20	58.1	58.64(5 980)	52.75(5 380)
22	70.4	68.84(7 020)	61.78(6 300)
24	83.6	78.64(8 020)	70.22(7 160)
26	98.0	95.12(9 700)	84.82(8 650)
28	114.0	107.87(11 000)	96.11(9 800)
30	130.7	116.70(11 900)	103.95(10 600)
32	149.0	135.33(13 800)	119.64(12 200)
34	167.6	150.04(15 300)	133.37(13 600)
36	188.1	164.75(16 800)	145.14(14 800)
38	210.0	191.23(19 500)	160.83(16 400)
40	232.1	198.09(20 200)	175.54(17 900)

注:产品代号73－B为白色(其中加入抗老化剂,易变色,但不影响性能),产品代号73－C为红棕色,采用原料分别为浸胶和不浸胶两种。

第四章　起重机具

起重机具种类很多，常用的有举重器、滑轮组、手摇绞车、电动卷扬机、平衡梁、手拉葫芦、地锚等。

第一节　举重器

举重器又叫千斤顶。它结构简单，质量小，便于搬运，操作方便，维护简易。在起重运输行业中，普遍用它顶升、降落物体，矫正构件的歪斜，将物体调直或顶弯。用举重器顶升物件已成为单独的一项安装技术。

一、举重器的种类与特点

举重器分齿条式、螺旋式及液压式三种。

用得最普遍的是螺旋举重器，最大升高高度可达 40 cm，操作时安全可靠，因有自锁作用，重物不会因停止操作而突然下降。这种举重器由 1～3 人操作，效率低，手柄操作压力可由十几千克力到几十千克力。

齿条举重器可用于路面不动土顶管施工等作业中，运用路面不动土顶管施工可大大促进路下顶管作业的速度与安全。

液压举重器活塞行程一般是 20 cm，常用的起重量是 3～50 t，甚至更高。分离式液压举重器可以在垂直、横卧和倒放等几种位置上工作，可完成举重、横推、挤压、拉伸、弯曲等动作。用得最多的是油压举重器，结构见图 4-1。

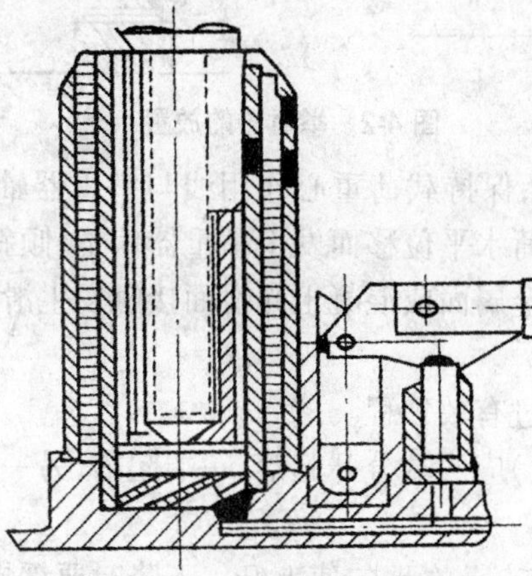

图 4-1　油压千斤顶结构示意

一般液压举重器因垫圈片止油阀会损坏，起重活塞有突然下降的危险，故应在旁设置保险枕木，以防不测。

二、举重器的安全使用

(一)举重器的选择

举重器的起重能力不得小于设备的重力。起重一个物体若同时使用几个举重器时,每台举重器(同类型、同负荷)的起重能力不应小于计算载荷的1.2倍,主要是防止由于不同步而造成个别举重器超负荷而损坏。举重器的最小高度应适合物体底部或施力点的净高。对于起落高度较大的工件,应尽量选用起升高度较大的举重器。起落过程中以枕木垛支撑重物时,起升高度应至少等于枕木厚度加上枕木垛的弹性变形量。

(二)举重器的基础

举重器的基础应平稳、坚实、可靠。在地面设置举重器时应垫上道木或其他适当的材料,以扩大支撑面积。

(三)举重器的放置

在松软的地面上使用举重器起重时,应在举重器下垫好木块,以免受力后倾斜歪倒。当重物升高时,重物下面也要随时放入支撑垫木,但手不能误入危险区,见图4-2。

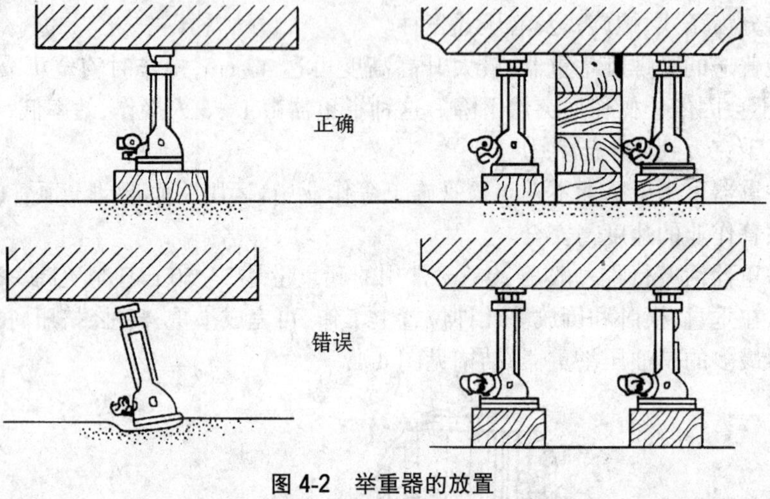

图4-2　举重器的放置

在举重器的放置过程中,保持载荷重心作用线与举重器轴线一致,顶升过程中要严防由于举重器基底偏沉或载荷水平位移而发生举重器偏歪、倾斜的危险。

要防止举重器与重物的金属面或混凝土光滑面接触发生滑动,必要时要垫以硬木块。

(四)举重器操作

举重器的顶升高度不超过有效顶程。

起升大型物体时(如大梁)应两端分开起落,一端起落,另一端必须垫实、垫牢、放稳。

举重器不准超负荷使用。

启动举重器不宜急促,应有节奏地匀速上升。下降时要缓慢。

多台举重器同时使用时,要同步操作。举重器操作完毕,要进行认真检查,检查油压和隐患情况,并进行维护保养,放置在适当的地方。

第二节　滑轮及滑轮组

在起重作业中，滑轮和滑轮组得到了极为广泛的应用，是一种主要的起重吊装工具。滑轮与卷扬机配合使用能起吊和搬运很重的物体。

一、滑轮的分类及代号

滑轮按用途一般分为定滑轮、动滑轮、滑轮组、导向滑轮、平衡滑轮等，见图 4-3。

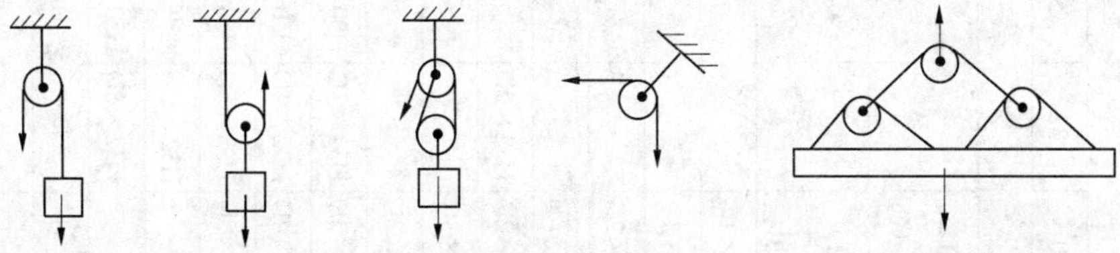

图 4-3　滑轮的类型

定滑轮用来改变用力的方向，亦可用做平衡滑轮或转向滑轮。运用动滑轮可以省一半的力。

超重滑轮系列产品规定统一代号，简要说明如下。

超重滑轮代号为 H，额定负荷以吨(t)表示。滑轮轮数以数字表示并用“×”隔开。

滑轮形式及代号见表 4-1，滑轮型号见表 4-2。

表 4-1　滑轮形式及代号

形式	开口	闭口	吊钩	链环	吊环	吊梁	桃式开口
代号	K	不加 K	G	L	D	W	KB

如额定负荷为 10 t 的单轮闭口吊钩型滑轮，其代号为 H10×1G。

H10×4D 代表额定负荷为 10 t 的四轮吊环型滑轮。

通用起重滑轮系列见表 4-3。

二、滑轮组的特性及使用场所

由于滑轮比较小，能多次变向和起吊较大的负荷，钩挂方便，用滑轮组配合桅杆和卷扬机吊装运输物体是很方便的。设备质量及提升(降落)高度，是选配滑轮和卷扬机的根据。如卷扬机的引力一定时，滑轮的轮数(或工作线数)越多，速比越大，起重能力越大。

在某些石油化工大修现场及施工工地，因现场物体多，位置狭窄，无法使用其他起重机械时，往往用滑轮组配合桅杆，在条件差的现场操作，以解决现场狭窄的问题，这是滑轮组运用施工现场最大的优点之一。常用滑轮的穿绕方法和跑头所需的拉力见表 4-4。

表 4-2　滑轮型号

滑车形式			0.5	1	2	3	5	8	10	16	20	32	50	80	100	140
			滑车代号													
单轮	开口桃形	吊钩	H0.5×1K_BG	H1×1K_BG	H2×1K_BG	H3×1K_BG	H5×1K_BG	H8×1K_BG	H10×1K_BG	H16×1K_BG	H20×1K_BG					
单轮	开口桃形	链环	H0.5×1K_BL	H1×1K_BL	H2×1K_BL	H3×1K_BL	H5×1K_BL	H8×1K_BL	H10×1K_BL	H16×1K_BL	H20×1K_BL					
单轮	闭口	吊钩	H0.5×1G	H1×1G	H2×1G	H3×1G	H5×1G	H8×1G	H10×1G	H16×1G	H20×1G					
单轮	闭口	链环	H0.5×1L	H1×1L	H2×1L	H3×1L	H5×1L	H8×1L	H10×1L	H16×1L	H20×1L					
双轮	闭口	吊钩		H1×2G	H2×2G	H3×2G	H5×2G	H8×2G	H10×2G	H16×2G	H20×2G					
双轮	闭口	链环		H1×2L	H2×2L	H3×2L	H5×2L	H8×2L	H10×2L	H16×2L	H20×2L					
双轮	闭口	吊环		H1×2D	H2×2D	H3×2D	H5×2D	H8×2D	H10×2D	H16×2D	H20×2D	H32×2D				
三轮	闭口	吊钩				H3×3G	H5×3G	H8×3G	H10×3G	H16×3G	H20×3G					
三轮	闭口	链环				H3×3L	H5×3L	H8×3L	H10×3L	H16×3L	H20×3L					
三轮	闭口	吊环				H3×3D	H5×3D	H8×3D	H10×3D	H16×3D	H20×3D	H32×3D	H50×3D			
四轮	闭口	吊环						H8×4D	H10×4D	H16×4D	H20×4D	H32×4D	H50×4D			
五轮	闭口	吊环									H20×5D	H32×5D	H50×5D	H80×5D		
五轮	闭口	吊梁										H32×5W	H50×5W	H80×5W		
六轮	闭口	吊梁										H32×6D	H50×6D	H80×6D	H100×6D	
七轮	闭口	吊环												H80×7D		
八轮	闭口	吊环													H100×8D	H140×8D
八轮	闭口	吊梁													H100×8W	H140×8W

表 4-3 通用起重滑轮系列

轮槽直径(mm)	起重量(t)														使用钢丝绳直径(mm)	
	0.5	1	2	3	5	8	10	16	20	32	50	80	100	140		
	滑轮数(个)														适用	最大
70	1	2													5.7	7.7
85		1	2	3											7.7	11
115			1	2	3	4									11	14
135				1	2	3	4								12.5	15.5
165					1	2	3	4	5						15.5	18.5
185							2	3	4	6					17	20
210						1			3	5					20	23.5
245							1	2		4	6				23.5	25
280									2	3	5	7			26.5	28
320								1			4	6	8		30.5	32.5
360									1	2	3	5	6	8	32.5	35

三、使用滑轮组的安全要求

(1)滑轮和滑轮组上应有铭牌,说明滑轮的尺寸、种类和性能。起重工应按铭牌和作业要求选配滑轮。

(2)使用滑轮组应认真检查,发现问题应及时纠正或更换。

(3)使用的绳径不得大于或小于轮槽底径。滑轮应有防止钢丝跳出轮槽的装置。滑轮应光洁平滑,不得有损坏钢丝的缺陷。

四、滑轮报废标准

(1)裂纹。

(2)轮槽不均匀磨损达 3 mm。

(3)轮槽壁厚度的磨损达原尺寸的 20%。

(4)因磨损使轮槽底部直径减少量达钢丝绳直径的 50%。

(5)其他损害钢丝绳的因素。

表 4-4　常用滑轮组的穿绕方法和跑头所需的拉力

动滑轮上绳的根数（走几）		走 1	走 2	走 3	走 4	走 5	走 6	走 7	走 8	走 9	走 10
跑头由定滑轮绕出		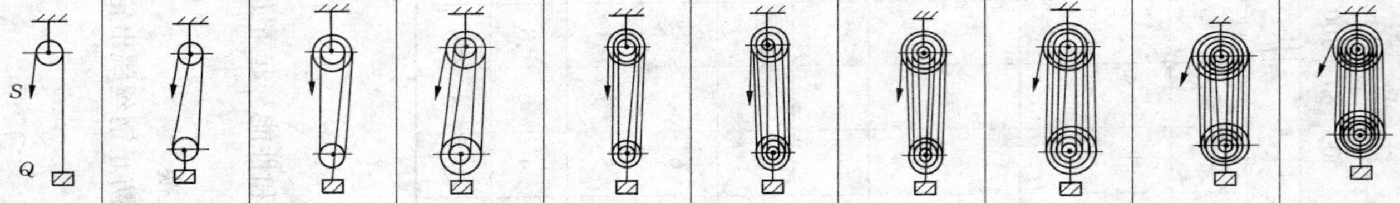									
滑轮数/门	定滑轮	1	1	2	2	3	3	4	4	5	5
	动滑轮	0	1	1	2	2	3	3	4	4	5
跑头拉力 S		$1.04Q$	$0.53Q$	$0.36Q$	$0.28Q$	$0.23Q$	$0.19Q$	$0.17Q$	$0.15Q$	$0.13Q$	$0.12Q$
跑头自动滑轮绕出			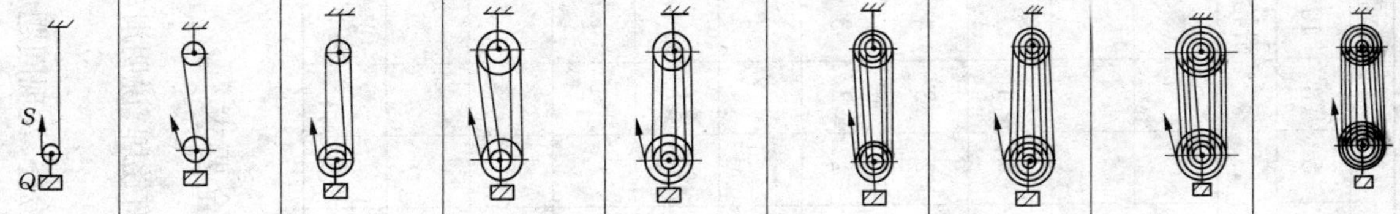								
滑轮数/门	定滑轮		0	1	1	2	2	3	3	4	4
	动滑轮		1	1	2	2	3	3	4	4	5
跑头拉力 S			$0.52Q$	$0.35Q$	$0.26Q$	$0.22Q$	$0.18Q$	$0.16Q$	$0.14Q$	$0.13Q$	$0.12Q$

注:滑轮阻力系数采用 $f=1.04$(铜制滑动轴承)。

第三节 电动卷扬机

电动卷扬机是起重运输作业中经常用的牵引设备，也是很多起重机械中起升和变幅机构的主要部件，速度可快可慢，起重能力较大，操作方便，一般安全可靠。然而，若操作不慎和管理不善，也容易发生人身和设备事故。

卷扬机主要由卷筒、减速器、电磁抱闸和电动机等零部件组成。

一、卷扬机的安装

电动卷扬机的安装效果如何将直接影响到设备的安全运行，起重运输现场安装的电动卷扬机，所选择的位置对于司机和指挥人员来说应该视野宽广，便于观察和安全瞭望。卷扬机与支撑面的安装定位，应平整牢固。露天设置时应有防雨棚。

卷扬机的固定应考虑周到，为防止起吊或搬运设备时卷扬机产生滑动、颠覆、振动，故必须对卷扬机加以安全固定。固定方法有基础固定、平衡重法固定及地锚法固定三种。

(1)基础固定。将卷扬机安放在水泥基础上，用地脚螺栓将卷扬机底座固定，但这指的是长期使用状况，例如码头、仓库、矿井等，短期使用的情况不适用此法。

(2)平衡重法固定。将卷扬机固定在木垫板上，前端设置挡桩，后端加压重物，既防滑移，又防倾覆。

(3)地锚(龙)法固定。利用地锚将卷扬机固定。这是工地普遍使用的方法。

二、卷扬机的正确使用与安全管理

(1)操作者应熟悉设备的工作性能和起重指挥信号，了解发生事故的紧急处理措施。

(2)操作前，应检查减速箱的油量，滑动轴承是否有油，减速箱一般加符合要求的机油，滑动轴承注黄油。

(3)开车前，先空转一圈，检查各部分零件是否正常，制动装置是否安全可靠。

(4)起吊重物时，卷扬机卷筒上钢丝绳余留圈数不得少于 4 圈。

(5)卷扬机卷筒中部与导向滑轮中心应对正。卷筒轴心线与导向滑轮轴心线应平行，距离满足下列要求：①光卷筒不应小于卷筒长的 20 倍，即 $L \geqslant 20B$；②有槽卷筒不应小于卷筒长的 15 倍，即 $L \geqslant 15B$，见图 4-4。

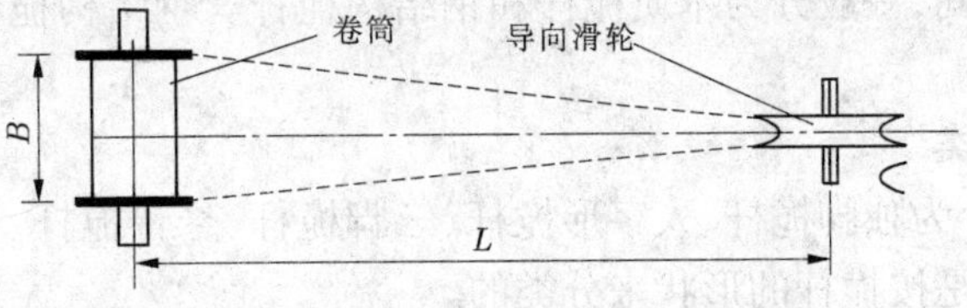

图 4-4　卷筒与导向滑轮间的安全距离

(6)钢丝绳应从卷筒下方卷入(特殊要求除外)。卷扬机操作时，周围严禁站人。工作中严禁任何人跨越或停留在导向滑轮的钢丝绳夹角内。

(7)多台卷扬机共同吊重物时，要统一指挥，同步操作。

(8)卷扬机不能超负荷运行。

(9)停机后,先要切断电源,制动刹紧,放松跑绳。电动机要垫高防潮。

(10)严禁将卷扬机固定在管线、容器或其他易爆易触电装置上。在易燃易爆区域安装卷扬机,一定要有防火防爆措施,并经批准。

(11)重物长时间悬吊时,应用棘爪卡住或将钢丝绳卡住固定。

(12)运行中突然停电时,应立即切断总电源,手柄扳回零位,并将重物固定。对无离合器手柄控制能力的,应现场监护,防止发生意外事故。

三、卷扬机牵引力计算

当卷扬机在正常情况下工作时,作用于卷扬机卷筒上的牵引力一般是恒定的,如钢丝绳线速度发生变化,则牵引力也随之发生变化。牵引力可以通过下列公式计算出来,即

$$S = 102\frac{N_H}{V}\eta$$

$$V = \pi Dn \tag{4-1}$$

式中 S——钢丝绳牵引力,kgf;

N_H——电动机的功率,kW;

V——钢丝绳的线速度,m/s;

η——传动效率(%);

D——卷筒直径,m;

n——卷筒转速,r/min。

第四节 桅 杆

桅杆是一种简易的起重吊装设备,也是一种简单的起重吊架,它是由铁杆、木杆或铁架和滑轮、钢丝绳、卷扬机等组成。桅杆的主要用途是用来移动、升降重物。桅杆亦称扒杆或抱杆。

一、桅杆的分类

(一)按材质分类

桅杆按材质不同,一般分为木质桅杆和钢结构桅杆。钢结构桅杆又分为管形结构桅杆和桁架结构桅杆。

(二)按形状分类

按照形状,可分为独脚桅杆、人字形桅杆、三脚桅杆、悬臂桅杆、龙门架式桅杆等。平时常说的桅杆一般是按桅杆的形状来分类的。

二、常用桅杆

(一)独脚桅杆

它是起重和吊装工作中比较常用的吊运设备,其特点是构造简单,使用广泛,起重量

和起升高度较大。

独脚桅杆由长杆件、缆风绳、索具、滑车组、锚绳等组成。桅杆的起重量和起升高度是由桅杆的长度、直径和材质来决定的。当起重量很大、吊运很高,一般木质桅杆是不安全的,而采用型钢和钢管制作。

桅杆在起吊重物时,与垂直方向的倾斜角不应大于 10°,其缆风绳一般采用 4~8 根。缆风绳与地面的夹角一般取 30°,最大不超过 45°。

1. 木质桅杆

木质桅杆必须选用优质型、不裂、不腐、不蛀、少节、挺直的圆木,如黄松、橡木、槐木、杉木等。

木质桅杆在使用前要认真进行检查,受到严重腐蚀、有刀(锯)痕和裂缝的桅杆不准使用。

2. 钢管桅杆

轻型金属桅杆一般选用管材制作,其起重能力一般在 30 t 以下,起吊高度在 30 m 以下。管式桅杆一般采用无缝钢管制作,钢管桅杆的接长可用焊接法和节段式的钢结构连接。

在石油化工区域内使用钢管桅杆,由于介质的腐蚀作用而使壁厚减薄,减弱了桅杆的强度和刚度,在起吊过程中,可能导致桅杆变形损坏。受到腐蚀、发生变形的桅杆不准使用。

桅杆上的导向滑轮一般用开口滑轮,桅杆脚和顶部必须安全捆扎。开口滑轮吊挂方法见图 4-5。

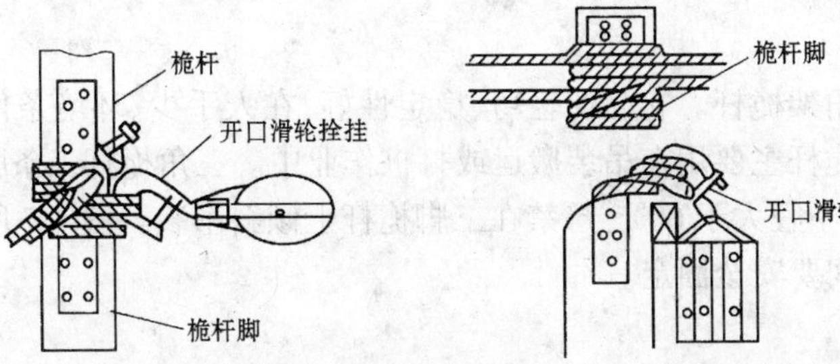

图 4-5　桅杆脚和顶部开口滑轮拴挂方法

管式动臂桅杆的缆风绳为 5~8 根,动臂可进行 180°或 360°旋转。因主副杆长度近似相等,当转动至缆风绳时,受到缆风绳阻碍,此时应放下重物,使动臂下降,绕过缆风绳后,再重新起吊重物,继续转动。

(二)人字桅杆

人字桅杆外形似“人”字,故而得名。人字桅杆亦称二脚搭或二木搭。

人字桅杆缆风绳(拖拉绳)一般不少于 4 根,两桅杆夹角一般在 30°左右,若夹角太大,桅杆易于失稳。缆风绳的长度应能使人字桅杆稳定性好为原则,一般缆风绳与地面夹角在 30°~45°。

人字桅杆两圆木交叉处要用直径为 12~19 mm 钢丝绳绑扎牢固,要求绑扎两层,每层不少于 10 圈。桅杆两脚间就用小圆木固结或用钢丝绳拴连,在桅杆的倾斜方向上,应用钢丝绳固定两脚，防止在起吊作业中，桅杆根部向后滑动。

特别要强调的是，人字桅杆缆风绳不能太长，在雨天或潮湿天气拴缆风绳后，在高温天气下，缆风绳会发生松弛现象，从而导致桅杆失稳。

桅杆缆风绳应均匀受力，严防受到冲击载荷作用。起吊重物后，要预防地锚被拔出，一般要设专人看守监护。

桅杆底脚和地面接触部分应垫枕木或搁置在坚硬处，防止桅杆沉陷。桅杆底脚应和地面密合，有条件时要打入木楔，预防杆底滑移。

两个桅杆构成的平面应尽可能与地面垂直，以减轻缆风绳的负荷。导向滑轮应尽可能靠近地面，以减少桅杆受弯。图4-6所示为钢管人字桅杆。

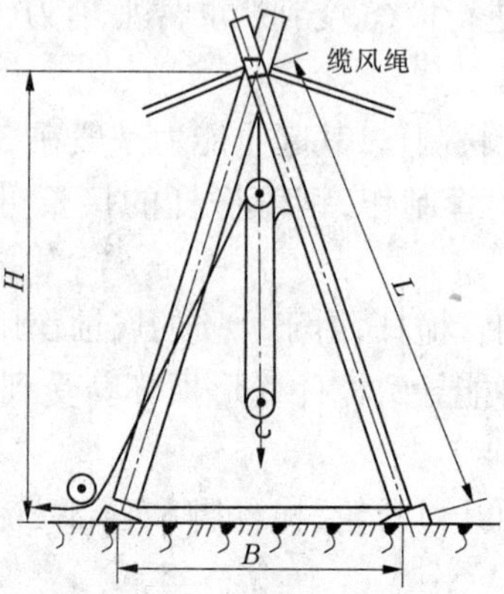

图4-6　钢管人字桅杆

(三)三脚桅杆

三脚桅杆俗称三角架桅杆。它简便轻巧、稳定性好，在人手少、环境条件差的情况下运用更为合适。三脚桅杆主要用在吊装搬运或打桩作业中。三角桅杆三条腿之间的距离要相等，腿与地面夹角不宜大于60°。严禁在三脚桅杆上倾斜吊装。图4-7所示为三角桅杆结构示意。三脚之间要安全固定。

(四)龙门桅杆

龙门桅杆有一个形似龙门的钢梁和连接支柱的水平横梁。支柱脚上有小车在轨道上运动，小跑车在梁上运动。龙门桅杆稳定性能较大，但它不易移动。龙门桅杆比较坚固耐用。图4-8所示为龙门桅杆结构示意。

操作时严禁在桅杆上站人，要认真对缆风绳进行检查，地锚、钢丝绳、导向滑轮等都必须符合相应安全要求。导向滑轮及钢丝绳周围不许站人。

(五)格构式桅杆

1.桅杆结构

格构式桅杆是由四根角钢构成的框架，并用角钢作为斜撑、横撑，把四根主肢角钢连接起来，桅杆的截面一般为方形，有等截面和不等截面两种。金属格构式独脚桅杆又称为独杆桁架式起重机。根据工作需要，有时采用一种特制的、能绕桅杆轴线转动的独脚桅杆，桅杆顶部的缆风绳盘套在桅杆的转轴上，而桅杆的底部为一半球体，坐在带有凹形半球体的底座上。

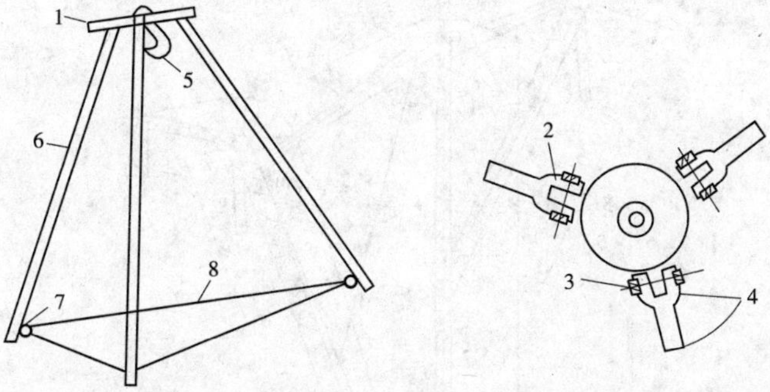

1—圆盘;2—支耳;3—轴销;4—接头;
5—吊钩;6—无缝管;7—绳环;8—固定绳

图 4-7 三角架桅杆结构

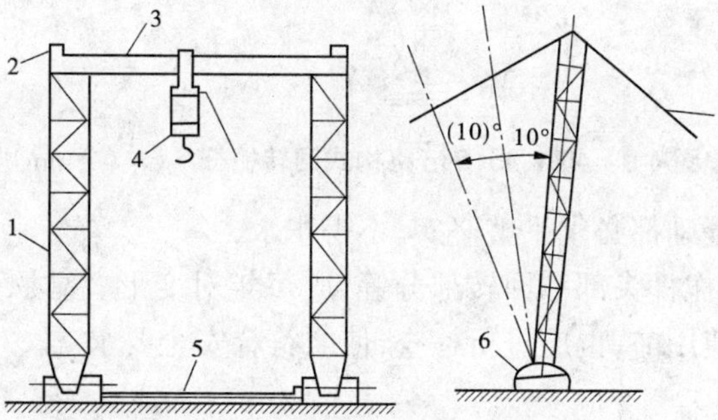

1—桅杆;2—缆风盘;3—横梁;4—起重滑车组;
5—底架连接装置;6—底座;7—缆风绳

图 4-8 龙门桅杆结构

这种桅杆能把物体吊起后在空中旋转到任何需要的方位放下,它的特点是起吊方便,起重能力大。一般可采用一根桅杆单独或两根桅杆联合进行起吊。缺点是工作速度低。

2.承载能力

金属格构式独脚桅杆的承载能力及桅杆重量与桅杆的结构、几何尺寸有关。

3.典型结构桅杆

图 4-9 所示为格构式回转桅杆结构,此桅杆高 45.5 m,起重量达 40 t,除主吊钩外,还有两个辅助吊钩。

三、桅杆安全要求

各种桅杆的设计、组装、使用应符合下列安全技术要求:

(1)新桅杆组装时,中心线偏差不大于总支撑长度的 1/1 000;

(2)多次使用过的桅杆,在重新组装时,每 5 m 长度内中心线偏差和局部塑性变形不应大于 20 mm;

(3)在桅杆全长内,中心线偏差不应大于总支撑长度的 1/200;

(4)组装桅杆的连接螺栓必须坚固可靠;

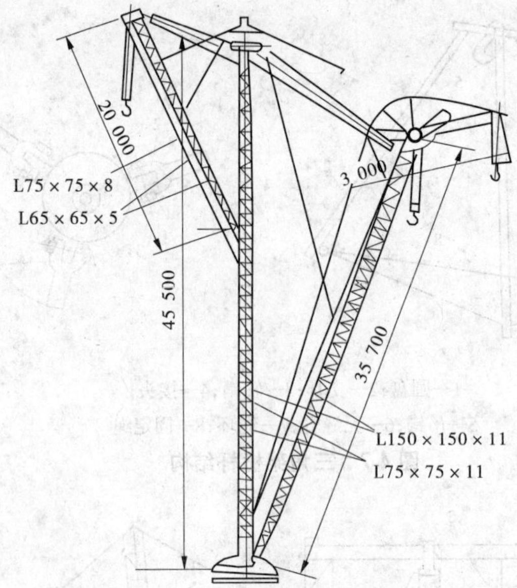

图 4-9　40 t、45.5 m 格构式回转桅杆　（单位:mm）

(5)各种桅杆的基础都必须平整坚实,不得积水;

(6)桅杆连接板、桅杆头部和回转部分等,应每年对变形、腐蚀、铆焊或螺栓连接处进行一次检查,在每次使用前,也应进行检查,使之符合安全要求。

第五节　手拉葫芦

本节讨论起重量为 0.5～20 t、一般用途的带有二级正齿轮传动机构的手拉葫芦的安全问题。

一、一般安全要求

手拉葫芦一般安全要求是:

(1)必须有质量合格证及使用维护说明书;

(2)严禁超负荷起吊;

(3)严禁将下吊钩回扣到起重链条上起吊重物;

(4)不允许抛掷手拉葫芦;

(5)吊挂、捆绑用钢丝绳和链条的选用必须符合有关规定。

二、操作手拉葫芦注意事项

(1)不允许用吊钩尖钩挂载荷;

(2)起重链条不得扭转打结;

(3)不得使用手动以外的任何驱动方式起吊重物,发现拉不动时,不得猛拉,更不得增加拉力,要立即停止使用,并检查重物是否与其他物体相连,重物是否超出了额定载荷,葫芦机件有无损坏；

(4)操作过程中，严禁任何人在重物上行走或逗留。

三、手拉葫芦报废标准

手拉葫芦主要零部件符合下列情况之一应予报废更新：

(1)吊钩垂直断面高度磨损超过原尺寸的10%；

(2)吊钩开口度超过15%；

(3)吊钩扭转变形超过10°；

(4)起重链条直径磨损超过10%；

(5)起重链条节距伸长超过3%；

(6)吊钩起重链条产生裂纹或其他危险缺陷；

(7)摩擦片磨损超过25%；

(8)棘轮、棘爪和弹簧严重磨损或腐蚀；

(9)更换的零部件要达到原设计要求；

(10)其他。

第六节　地　锚

地锚又称锚桩、锚点、锚锭、拖拉坑，起重作业中常用地锚来固定拖拉绳、缆风绳、卷扬机、导向滑轮等。地锚一般用钢丝绳、钢管、钢筋混凝土预制件、圆木等作为埋件埋入地下而成。

一、地锚种类和结构尺寸

地锚大致分为站锚、卧锚、桩锚三种。当起重量较大时，多采用卧锚，卧锚为常用地锚。在有水的地方，无法使用站锚或卧锚时，可采用桩锚。

地锚结构示意见图4-10。

二、地锚安全技术要求

地锚主要安全技术要求如下。

(1)起重吊装使用的地锚，应严格按设计进行制作，并做好隐蔽工程记录，使用时不准超载。

(2)地锚坑纵截面宜挖成直角梯形状，坡度与垂线的夹角以15°为宜。地锚深度根据现场综合情况决定。

(3)地锚拖拉绳与水平夹角一般以30°以下为宜，地锚基坑前方地锚出线点(即钢丝绳穿过土层后露出地面处)前方坑深2.5倍范围及基坑两侧2 m范围以内，不得有地沟、电缆、地下管道等构筑物以及临时挖沟等。

(4)如埋设地锚位置地下水位较高或地势较低，而且经常被浸泡时，在回填前要将水排净并灌入一定量的混凝土用来加固，地锚周围不得积水。

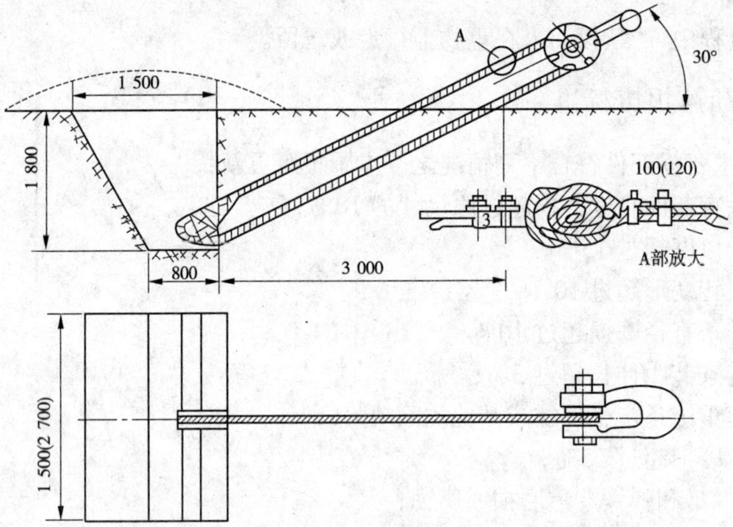

图 4-10　地锚结构示意　(单位:mm)

(5)不允许沿埋件顺向使用地锚。用现场建筑当地锚时,必须经有关部门检查,该建筑物承受的载荷符合其设计要求时方可使用。使用旧地锚时,必须弄清该地锚的原始情况。

(6)较重要的地锚在使用时,必须设专人检查绳卡是否牢固,地锚有无松动、有无被拉出的危险等。

第五章　主要起重机械

第一节　桥式起重机

桥式起重机是横架在仓库、车间或露天堆场上方，用来吊运各种物件的起重机。人们习惯上称为“行车”或“天车”，它是机械、冶炼、港务、铁路等部门广泛运用的一种起重机械。

一、桥式起重机的分类及主要参数

(一)分类

桥式起重机一般分为电动单梁起重机(见图 5-1)、龙门起重机(见图 5-2)、装卸桥(见图 5-3)等。

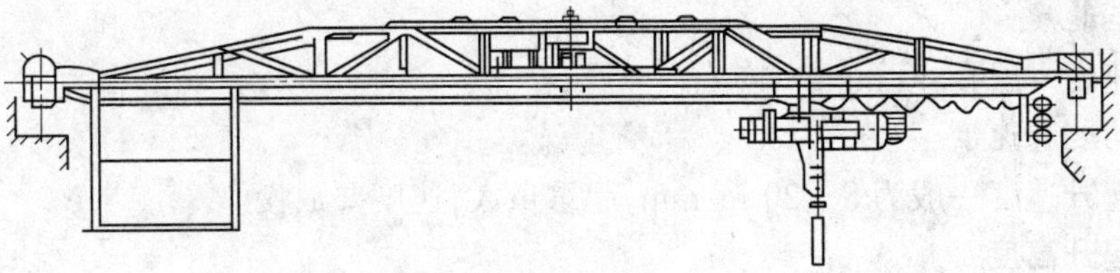

图 5-1　电动单梁桥式起重机

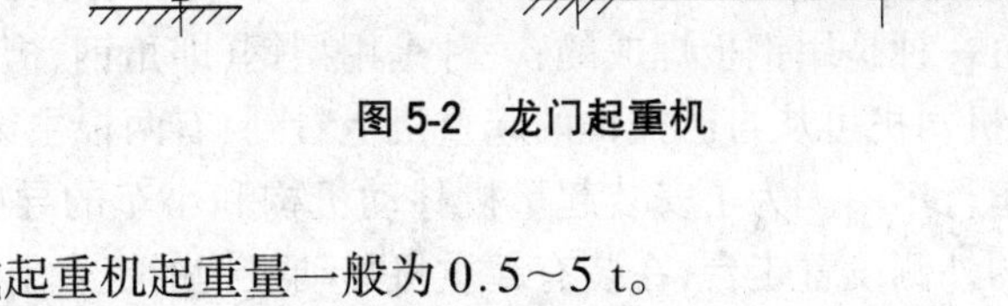

图 5-2　龙门起重机

(二)起重量

电动单梁桥式起重机起重量一般为 0.5～5 t。

电动双梁桥式起重机起重量一般为 5 t、10 t、15 t、20/5 t、30/5 t、50/10 t 等，最大的起重量可达数百吨。从 20 t 起，小车部分就带有两个吊钩，一个为主钩(即 20 t、30 t、50 t、…)，另一个为副钩(即 5 t、10 t、…)。

起重量超过设备额定起重量就叫超负荷，超负荷是不允许的。带有电动葫芦的单梁桥式起重机起重量一般为 2 t、3 t、5 t 等。

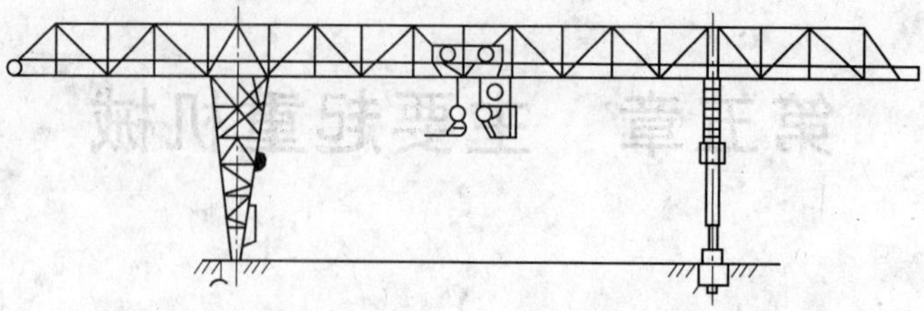

图 5-3 装卸桥

(三)跨度

跨度又叫跨距,是指起重机行走的两平行轨道之间的距离。起重机的跨度一般比车间跨度小 1.5 m,其跨度每 3 m 为一级,主要分为 10.5 m、13.5 m、16.5 m、19.5 m、22.5 m、25.5 m、28.5 m、31.5 m。大于 31.5 m 的为非标准跨度。

(四)速度

速度是根据工作繁忙程度决定的,轻级工作速度较低,重级工作速度较快。起重量小,速度可快一些,起重量大,速度要放慢,否则,对安全不利。

1. 大车速度

大车移动速度有三种,即 80 m/min、100 m/min、120 m/min。

2. 小车速度

小车速度一般在 40 m/min 左右。

3. 吊钩起升速度

吊钩起升速度一般为 8～20 m/min,起重量大,速度要放慢。

(五)起升高度

吊钩标准起升高度为 12 m,每增加 2 m 为一级,直至 32 m。

上述参数指一般情况,各种规格的桥式起重机的具体要求应参照设备使用说明书。针对要求,确保安全使用。

二、桥式起重机的构造和传动系统

双梁桥式起重机由下列几部分组成:金属结构桥架、小车、大车和为保证安全用的电气控制设备等。

(一)金属结构桥架

桥架结构有两种:一种是用钢板焊成的;一种是用型钢(即角钢、槽钢、工字钢)拼装焊接组成的。每台起重机司机可从自己操作的起重机上看到:有两根主梁,在主梁的上盖板上设置有轨道,供小车行车用。为了安装起重机移动机构和小车的导电滑线以及便于维护检修,在每根主梁的外侧设置走台,在装有起重机移动机构的走台上开有舱口门与下面的操纵室相通,在走台两侧都有栏杆,以保障维修人员的安全。

单梁桥式起重机仅有一根主梁,两端头有两根端梁。主梁是用一根工字钢和角钢或槽钢焊接而成的,工字钢一方面承受起吊重力,另一方面供电动葫芦行走之用。走台只有一个,以供安置和维修起重机移动机构之用。电动葫芦是用电缆通电,所以无滑线,也不需要安置滑线用的走台,走台上也开有舱口门和下面操纵室相通。

(二)小车

小车由小车架、起升机构、移动机构及安全装置组成。

1.起升机构

小车起升机构传动系统见图5-4。

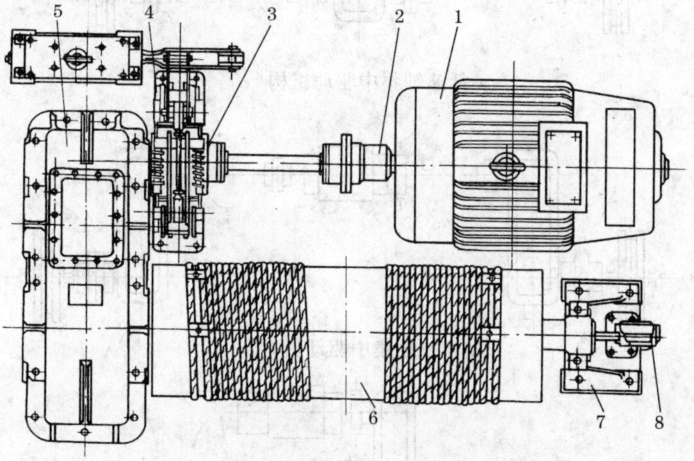

1—电动机;2—联轴器;3—制动轮联轴器;4—制动器;
5—减速机;6—卷筒;7—轴承座;8—起升限位开关

图5-4 小车起升机构传动系统

由电动机1,通过齿轮联轴器2,传动减速机5,带动卷筒6,即缠绕钢绳起升吊钩。

2.小车移动机构

小车移动机构传动系统见图5-5。

由电动机1通过减速器2传到下面的两根传动轴,驱动车轮。小车轮过去是采用双轮缘,现在都采用单轮缘,目的是为了减少小车轮啃轨现象。有的桥式起重机的小车具有两个起升机构,一个是为主钩服务,另一个是为副钩服务,结构和传动系统都一样。

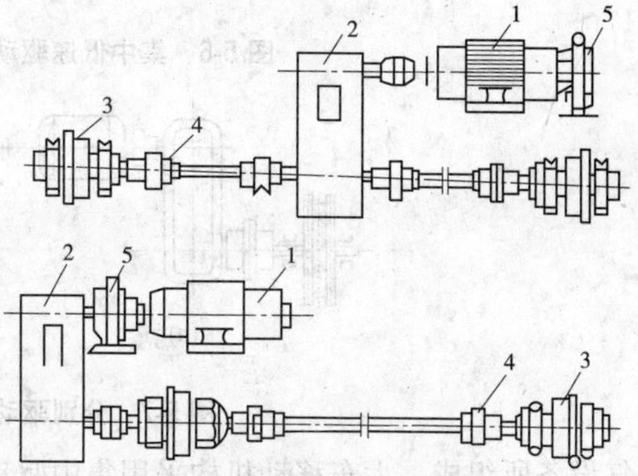

1—电动机;2—减速器;3—小车轮;
4—齿轮联轴器;5—制动器

图5-5 小车移动机构传动系统

(三)大车

过去大车移动机构采用集中驱动形式,现在都采用分别驱动形式,目的是为了减小大车轮啃轨现象。

集中低速驱动大车运行机构传动示意见图5-6。分别驱动大车传动系统见图5-7。

大车车轮为了安全起见,目前都采用双轮缘,并且不管起重机的跨度大小,在双梁桥式起重机上都采用分别驱动形式,即两个车轮分别有一套传动机构。

大车移动机构具有限位开关和缓冲器,限位开关设在一个端梁架四顶角的端梁上部。单梁式起重机与双梁桥式起重机在结构上是相仿的,由桥架、电动葫芦和大车移动机构及

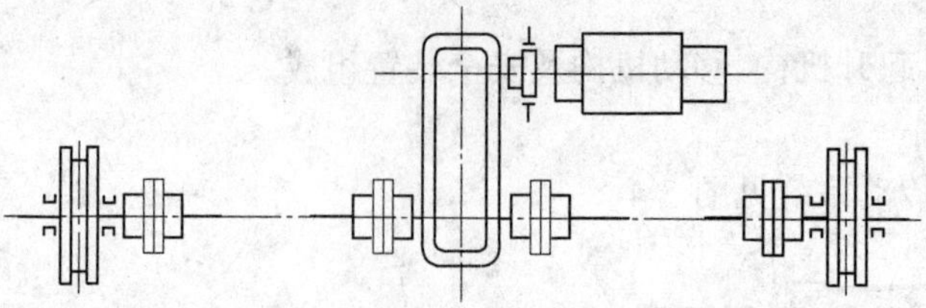

(a)低速轴集中驱动机构

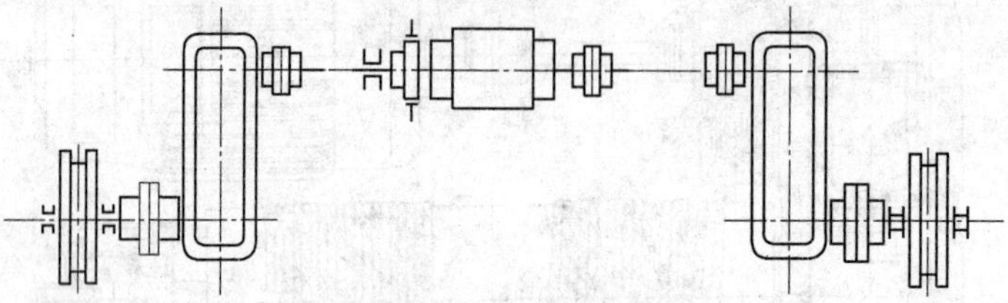

(b)高速轴集中驱动机构

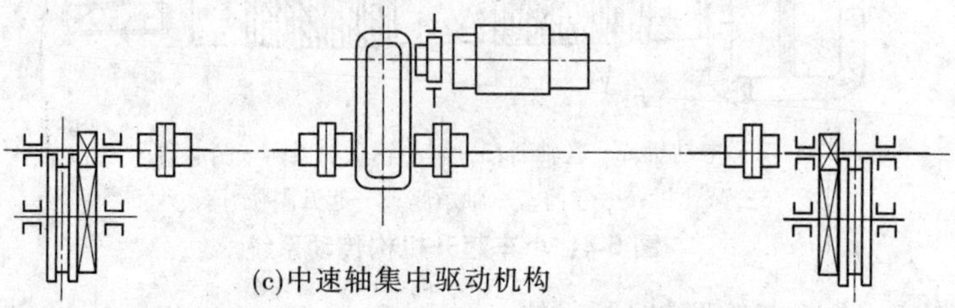

(c)中速轴集中驱动机构

图 5-6　集中低速驱动大车运行传动系统

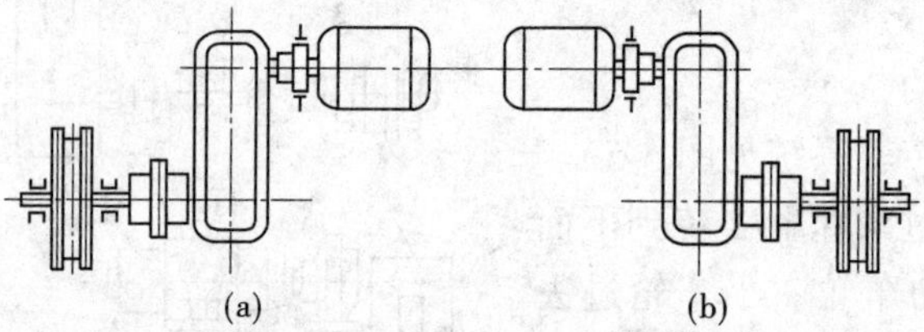

(a)　　(b)

图 5-7　分别驱动大车传动系统

电气设备所组成。大车移动机构采用集中驱动形式的，与双梁桥式起重机相似，电动葫芦代替了双梁桥式起重机的小车。

三、桥式起重机主梁及大车

桥式起重机的大车是由桥架及运行机构组成，桥架是由两根纵向主梁及两根横向端梁连接而成的刚性框架通过车轮支撑在轨道上的。

起重机主梁质量和变形直接影响起重机的安全运行，大车运行机构的安全管理亦不可忽视。

(一)主梁及安全

1.桥式起重机的主梁变形

桥式起重机的主梁(大梁)是主要受力部件，应有足够的强度、刚度及稳定性。桥式起重机的主梁大多数是箱形主梁。

主梁变形一般是指主梁上拱严重减少和残余下挠(空载时,起重机主梁低于水平线的下挠值),这对起重机的安全使用和承载能力都将产生严重影响,甚至可能发生人身和设备事故,所以主梁变形与设备安全密切相关,应引起设备管理人员、有关领导及天车、起重工的重视。

2.主梁变形的危害

主梁产生变形后,可能使小车(跑)轨道产生"坡度",结果小车运行时就要爬坡,大大增加了小车运行阻力。当主梁下挠值达 $L/500$ 时(L 是主梁跨度,单位为 m),小车运行阻力可能增加 40%,桥吊主梁严重下挠,有使小车运行电动机损坏的可能。

由于"坡度"的存在,小车制动时产生自行"溜车",导致不能准确停放。

主梁下挠严重时,会使大车运行机构受到严重影响,当转轴弯曲幅度大于 0.5 mm/m 时,会损坏轴或轴颈,导致联轴节牙齿折断、连接螺栓断裂等。转轴转速越高,造成的损失越大。

主梁下挠会引起小车轨道变形、小车运行啃道或主梁下盖板及腹板产生裂纹。

桥吊主梁下挠具有普遍性,尤其是热加工车间内的桥式起重机表现更为严重,一般 5 年后上拱消失 40%,10 年后或不足 10 年出现下挠,可见热辐射对主梁变形的影响是相当明显的,这个问题应引起设备部门的重视。

3.主梁变形界限

主梁下沉、桥架对角线差值增加等应引起高度重视。

当起升额定负荷,小车位于跨中时,下挠在水平线以下超过 $L/700$。无载小车位于一端,主梁下挠在水平线以下超过 $L/1\,000$ 时是不符合要求的。

桥架对角线之差,箱形梁大于 5 mm,桁架梁大于 10 mm 时不符合要求,都必须检修校正。

电动单梁桥吊下挠小于或等于 $L/500$,手动单梁桥吊下挠小于或等于 $L/400$。

4.主梁变形的测量

主梁变形有多种测量方法。

(1)水准仪测量法。测量大梁弹性下挠(额定负荷时,起重机主梁的弹性变形量)时可将一水准仪置于地面,距吊车 15～20 m 远,在主梁内侧上盖板处(长筋板处)自由悬挂一木条(宽 10 cm、厚 1 cm),长度根据起升高度而定,下端距地面 1.5 m,在木条下端适当位置挂一支 1 m 长的钢板尺,与水准仪目镜相对应。加载前后从水准仪目镜观察刻度值之差,即为主梁变形量,见图 5-8。这种测量方法精度较高,测量人员离吊车较远,比较安全可靠。

(2)连通器法。将水桶盛适当高度带颜色的水,固定在吊车主梁跨中附近处,把水管量尺置于主梁的不同位置,可以量出主梁的几何形状,如置于跨中,当主梁承载后水管量尺读数下降,而水平面相对上升,这一读数差即为主梁的变形量,见图 5-9。

(3)钢丝测量法。用 0.5 mm 的钢丝,通过测拱器和撑杆,用 15 kg 重锤把钢丝拉紧即可测量,此法比较简单。

5.主梁变形的修复

主梁变形的修复必须经有关部门批准。

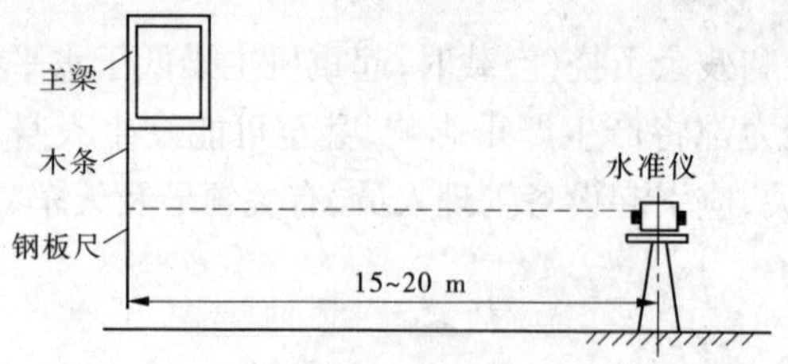

图 5-8　水准仪测量法

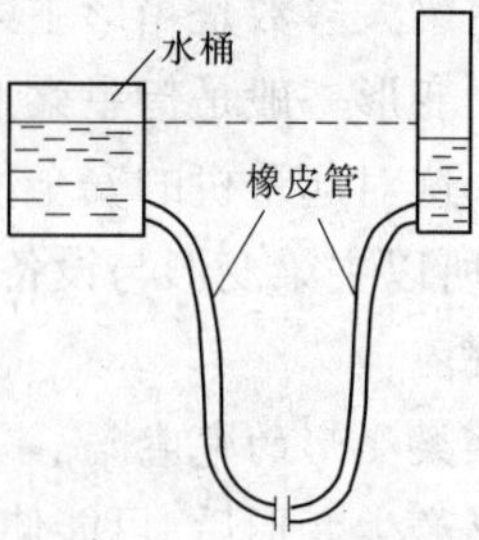

图 5-9　连通器法

桥吊主梁变形以下挠为主，修复主梁变形主要用火焰矫正法。

这种方法是在主梁中性层下部，选择若干加热区，集中加热至 600 ℃以上，加热区受周围冷金属的限制，不能自由伸胀而被塑性压缩，这是因为低碳钢的屈服限在 600 ℃以上时接近于零。由于加热区处于热塑性状态，这种热塑性区的金属在随后的冷却中产生收缩，在冷却收缩时，每个小加热区就相当于产生一对向内拉金属的力，使中性层以下的金属相互靠近，而使整个主梁恢复上拱。

(二)大车啃道的原因与对策

大车运行机构中发生的啃道对运行安全威胁极大，它能导致起重机脱轨。

啃道时起重机运行阻力极大，传动系统负荷和电动机功率损耗增大，加速车轮轮缘与轨道侧耳的磨损。一般中级工作制车轮能使用 10～20 年，啃道严重 12 个月就要更换。啃道还会影响厂房结构的安全。

1.啃道的检查

啃道一般具有下列特点：车轮轮缘内侧有亮斑、毛刺，轨道侧面有一道明亮的痕迹；轨道顶面有亮斑；在启动、制动时，车体走偏、扭摆；在短距离内，车行驶时轮缘与轨道间隙有明显改变。

2.产生啃道的原因

当车轮装斜、车轮的平行性不好、车扭斜时，大车往一个方向行驶，车轮轮缘啃轨道一侧；当反向行驶时，同一个轮子又啃轨道另一侧，啃道位置不定，见图 5-10。

由于车轮直线性不好，车轮跨度、对角线不相等，使大车在轨道上失去应有的窜动量，车开得稍一不稳，会出现一条轨道两侧均被啃，同一轨道上的两个轮子，一个啃轨道外侧，另一个啃轨道内侧。车轮直线性误差见图 5-11。

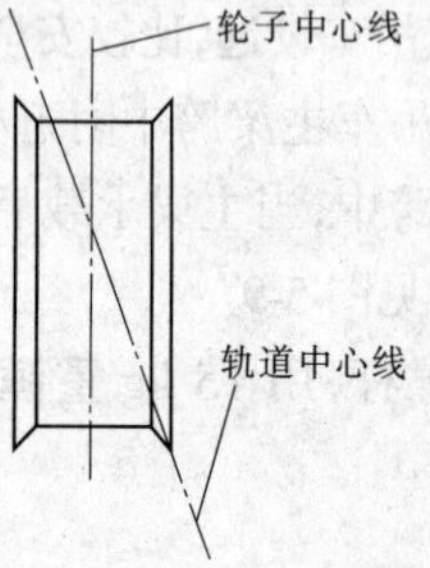

图 5-10　车轮偏斜引起啃道

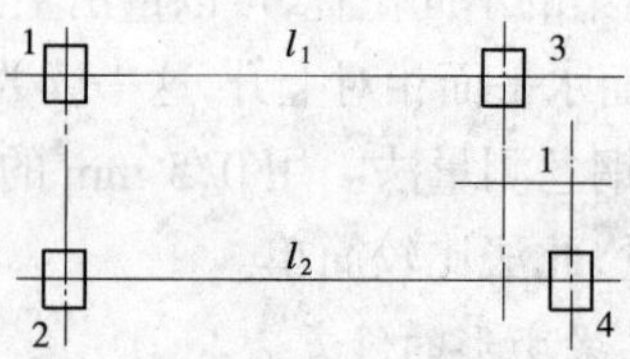

图 5-11　车轮直线性误差 $l_2 > l_1$

因车轮垂直不好，在不同的地段，车轮总是啃轨道一侧，有可能发现“嘶嘶”啃道声响。

车轮对角线不等长、车轮跨度不等(相对位置似梯形)会造成两条轨道同时被啃轨道外侧或内侧。

启动或停车时，车体有扭摆现象，能使机体走斜，可能是传动系统的齿轮间隙不均匀，轴上的键松动或制动器调整不好。

分别驱动式啃道，一般都表现启动、停车时车身扭摆。主要是电动机和制动器方面的问题造成的。

有时，因轨道不直或跨距不等，大车行驶在某一地段产生啃道。轨道跨距过小啃轨道内侧，跨距过大啃轨道外侧。

若两个轨道某段相对标高相差太大，好像人走路一脚高一脚低，造成车体倾斜。这种现象造成一条轨道啃内侧，另一条轨道啃外侧。但走过此段后，车体便能自动走直。

在某一固定点，车轮打滑，使车体扭转而啃道，这是因为此段路面上有油、水、冰、泥或固定地点的轨道下沉。

当车轮行驶到轨道接头处，啃道方向由一侧转向另一侧，同时可能发生金属的撞击声，这是相邻轨道顶面不在一平面内，轨道顶面倾斜方向相反所致。

综合性啃道是由两个以上原因产生的，比较复杂，没有一定规律，有时不易很快判断出来。

四、桥式起重机小车

小车安全技术主要讨论小车打滑、产生三条腿的原因及技术检验等问题。

(一)小车打滑的原因及检验对策

1. 打滑原因

(1)可能轨道上有冰、油、霜、雪等，减少了摩擦力；

(2)启动太猛引起打滑；

(3)主动轮轮压不等，轮压小的轮子产生的摩擦力小，容易产生打滑现象。

2. 检验对策

(1)如两个轮子打滑，检查哪一个轮子打滑严重时，可在两轨道上各放一条直径相等的铅丝，推动小车压铅丝，然后把铅丝取出，测量铅丝的厚度，厚的表明轮压小，薄的表明轮压大，轮压小的车轮打滑严重，并采取相应措施解决。

(2)在轨道上撒砂子，把细砂均匀撒在打滑地段轨面上，小车往返开动几次，如仍然打滑，说明不是主动轮有问题，而是另一条轨道上主动轮轮压小了。

(二)小车三条腿原因剖析与检验

小车运行中有一个轮子不落轨，称为小车三条腿。三条腿可能引起小车车体振动，吊运时由于车体振动可能发生事故。

1. 原因分析

(1)大梁盖板有严重波浪。大梁盖板有严重波浪时，小车在轨道上局部地段会或隐或现地出现三条腿。

(2)车架、车轮与轴心不符合要求，当四个车轮轴心不在同一平面、一个轮子直径较小、对角线上两个轮子直径太小(大)、小车质量分布不均等，使某一车轮沿轨道全长运行而悬空形成三条腿。

实际上三条腿是由多种因素综合在一起产生的,要具体情况具体分析。

2. 技术检验

(1)检查轨道全长中三条腿情况。用人推小车,检验轮子滚动面与轨道顶面的间隙,可用塞尺或薄片测量间隙,分别记录数据。

(2)检查局部地段三条腿。当小车运行出现三条腿时,把小车悬空的轮子用试垫片垫平,再推小车前进,等后轮到试垫片仍是四个轮落地,说明放试垫片处较低。

五、起重机安全技术检验

企业对于起重机机械,应根据使用情况,规定定期进行一次技术检验,对新安装的、经过大修的或者改变重要性能的起重机械,在使用前都应当进行技术检验,检验结果要报上级主管部门。

技术检验的主要内容是:检查金属构架、各种动力设备、传动机构、安全装置、电气设备、起重吊具和索具等是否完好,安装状况及其磨损情况等,并对起重机做动静负荷试验。

对起重机做静负荷试验时,将重物吊离地面 100 mm 悬空吊 10 min,检查起重机构架的强度及刚性。静负荷试验起吊物的质量选择应区别两种情况,对于新安装的、经过大修的或改变重要性能的起重机,应为最大起重量的 125%,对于定期技术检验的起重机,应为最大起重量的 110%。

对于新捆绑或吊挂用的链条和钢丝绳,应当做静负荷试验,试验荷重应大于最大起重量的 2 倍。空中悬挂 10 min,钢丝绳没有断丝或严重变形,链条各链环没有断裂和变形现象,方为合格。

上述技术检验方法适用于所有起重机。桥式起重机一般安全技术状况检验见表 5-1。

表 5-1 桥式起重机一般安全技术状况检验

<table>
<tr><td>使用单位</td><td></td><td>型号规格</td><td></td><td>设备编号</td><td></td><td>制造厂</td><td></td><td>出厂时间</td><td></td></tr>
<tr><td>序号</td><td colspan="3">检验项目</td><td colspan="4">标准</td><td>实测</td><td>结论</td></tr>
<tr><td rowspan="2">1</td><td rowspan="2">无负荷试验</td><td colspan="2">(1)沿行程全长,大、小车运行机构工作情况</td><td colspan="4">工作平衡无杂音,反运行联轴节不得有冲击声</td><td></td><td></td></tr>
<tr><td colspan="2">(2)各种开关工作情况(吊具上升限位开关,大小车终点行程开关,舱口盖、栏杆门及操作室的紧急开关等)</td><td colspan="4">灵敏可靠</td><td></td><td></td></tr>
<tr><td rowspan="2">2</td><td rowspan="2">静负荷试验</td><td colspan="2">(1)起吊超额定负荷 10 min,主梁或桥架下挠度</td><td colspan="4">门吊 < L/1 000;桥吊 < L/700(小车位于主梁跨中)</td><td></td><td></td></tr>
<tr><td colspan="2">(2)起吊超额定负荷 25% 10 min,桥架的强度与刚度</td><td colspan="4">无永久变形</td><td></td><td></td></tr>
</table>

续表 5-1

<table>
<tr><td>使用单位</td><td colspan="2"></td><td>型号规格</td><td>设备编号</td><td></td><td>制造厂</td><td></td><td>出厂时间</td><td></td></tr>
<tr><td>序号</td><td colspan="3">检验项目</td><td colspan="4">标准</td><td>实测</td><td>结论</td></tr>
<tr><td rowspan="3">3</td><td rowspan="3">动负荷试验在超额定负荷10%吊具及大、小车反复运行情况下检查</td><td colspan="2">(1)制动器工作情况</td><td colspan="4">动作灵敏,制动平稳,可靠</td><td></td><td></td></tr>
<tr><td colspan="2">(2)各机构部件及减速箱工作情况</td><td colspan="4">工作平稳,无异常振动和杂音</td><td></td><td></td></tr>
<tr><td colspan="2">(3)车轮与钢轨接触情况</td><td colspan="4">全部车轮与轨道接触良好,无啃道现象</td><td></td><td></td></tr>
<tr><td rowspan="2">4</td><td rowspan="2">桥架</td><td colspan="2">(1)上拱度</td><td colspan="4">L/1 000(1±30%)</td><td></td><td></td></tr>
<tr><td colspan="2">(2)对角线</td><td colspan="4">箱形梁≤5 mm;桁架梁≤10 mm</td><td></td><td></td></tr>
<tr><td rowspan="3">5</td><td rowspan="3">轨道</td><td colspan="2">(1)跨度差</td><td colspan="4">L<19.5 m时,≤3 mm
L≥19.5 m时,≤5 mm</td><td></td><td></td></tr>
<tr><td colspan="2">(2)两轨道高度差(同一断面)</td><td colspan="4">柱子处≤10 mm
其他处≤15 mm</td><td></td><td></td></tr>
<tr><td colspan="2">(3)同侧轨道面标高误差</td><td colspan="4">B/1 500(最大)≤10 mm
(B为柱子间距离)</td><td></td><td></td></tr>
<tr><td>6</td><td colspan="3">吊钩</td><td colspan="4">(1)表面光滑无裂纹、褶皱;
(2)危险断面磨损量小于断面直径10%;
(3)吊钩螺纹光滑无毛刺及破损凹痕</td><td></td><td></td></tr>
<tr><td>7</td><td colspan="3">钢丝绳</td><td colspan="4">有下列情况之一的钢丝绳应停用报废:
(1)钢丝绳有一股断裂;
(2)使用拉伸后直径变细或均匀磨损断丝超过原截面直径的10%;
(3)钢丝绳打硬摺</td><td></td><td></td></tr>
<tr><td rowspan="2">8</td><td rowspan="2">电器</td><td colspan="2">(1)电动机、电磁抱闸、电阻器等电器设备对地绝缘电阻</td><td colspan="4">对地绝缘电阻>0.5 MΩ(电动机转子应>0.15 MΩ)</td><td></td><td></td></tr>
<tr><td colspan="2">(2)电阻器工作情况</td><td colspan="4">电阻器工作时没有短路和开路现象,电阻器无断裂和相碰,所有瓷瓶绝缘无破裂</td><td></td><td></td></tr>
</table>

六、桥式起重机常见故障与消除方法

桥式起重机在运行中常常遇到机械零件的损坏、起重机部件故障及电气设备等方面的故障,从而影响了安全运行。故必须准确判断故障发生的部位、故障发生的原因及消除方法。起重机常见零部件故障与消除方法见表 5-2。

表 5-2 起重机常见零部件故障与消除方法

零件名称	损坏情况	原因与后果	消除方法
锻制吊钩	尾部出现疲劳裂纹,尾部螺纹、退刀槽、吊钩表面有疲劳裂纹	超期使用,超载,材质缺陷	每年检查 1~3 次,发现疲劳裂纹,及时更换
	开口处的危险断面磨损高度超过断面高度的 10%	可能导致吊钩折断	危险断面磨损超过标准时,可以渐加静载荷进行负荷试验,确定新的使用载荷或报废
片式吊钩板片	表面有疲劳裂纹	折钩	更换板片或整体更新
销轴	磨损量超过公称直径的 5%	吊钩脱钩	更新
耳环	裂纹和毛缝	耳环断裂	更新
耳环衬套	磨损量达原厚的 50%	受力情况不良	更新
钢丝绳	磨损断丝、断股	断绳	按标准更新
滑轮	轮槽磨损不均	材质不均,安装不合要求;绳、轮接触不均匀	轮槽壁磨损达原厚的 10%,径向磨损达绳径的 25%,应更新
	滑轮倾斜	轴上定位松动,或钢丝绳跳槽	调整、紧固滑轮轴上的定位件
	滑轮裂纹	滑轮破坏	更新
	滑轮轴磨损达公称直径的 3%~5%	可能折断	更新
卷筒	疲劳裂纹	卷筒破坏	更新
	磨损达原筒壁厚 15%~20%	卷筒破坏	更新
	卷筒键的磨损	脱落,剪断,重物坠落	更新
制动器	制动器不能打开	线圈中有断线或烧毁,短行程制动器的主弹簧弹力过大	更换线圈
		长行程制动器重锤过分拉紧	调整弹簧或重锤
小车运行机构	打滑	轨道上有油或水	去掉油或水
		轮压不均匀	调整轮压
		直接启动电动机过猛	改善电动机启动方法
		车轮直径不等	调整车轮
	小车"三条腿"	车轮安装不合要求,误差过大;车体焊接过程中产生变形,小车走偏	火焰矫正

续表 5-2

零件名称	损坏情况	原因与后果	消除方法
大车运行机构	“啃道”	车轮安装偏差	调整车轮水平、垂直度或对角线偏差
		轨道铺设偏差	调整轨道标高
		有油或水	清理轨道
		传动系统偏差过大	使电动机、制动器合理匹配、检修轴键、齿轮
		车架偏斜变形	火焰矫正
制动器	制动器在上闸位置中不能支持住重物； 制动轮发热、闸瓦发出焦味；制动垫片很快磨损	制动器的配重下面存在物件，弹簧松弛	清理制动器，调整弹簧
		电磁铁的铁芯没有足够的行程	调整制动器
		制动轮上有油	清洗制动器
		制动轮磨损	调整弹簧
		主弹簧损坏或松动	更新主弹簧
		拉杆松动	调整拉杆
		电磁铁芯有剩磁	退磁
		电磁铁闸带在松弛状态，没有均匀地从制动轮上离开	高速闸块（带）与制动轮的间隙
		短行程的制动器辅助弹簧损坏或弯曲	更换或修理辅助弹簧

桥式起重机部件故障与消除方法见表 5-3。

表 5-3 桥式起重机部件故障与消除方法

部件名称	故 障	可能的原因	消除方法
滑动轴承	过度发热（轴瓦容许温度为 60～65 ℃，外壳容许温度 50～55 ℃）	轴承偏斜或拧得过紧	清除偏斜，清洗轴颈、轴瓦采用合格的润滑剂
		润滑剂不足	加润滑剂
		润滑剂质量不合格	换合格的润滑剂
滚动轴承	过度发热	有损坏件或油不合格	更换轴承或润滑油
	音哑（断续）	轴承脏污	清除脏污
	金属研磨声	缺油	加油
	锉齿声和经常的急剧冲击声	隔离环、滚动体损坏	更新
减速器	有周期性的齿震颤的音响，从动轮特别显著	节距误差过大，齿侧间隙超过标准	修理，重新安装
	剧烈的金属锉擦声，引起减速器振动的叮当声	传动齿轮间的侧隙过小，轮子中心未对正齿顶上具有尖薄的边缘，齿轮工作面磨损后不平坦（小沟和凸痕）	修整，重新安装或更新
	齿轮啮合时有不均匀，有连续的敲击声，减速器箱体各处都能听到，感觉到减速器机壳振动	齿侧面有缺陷（层状组织）	更新
	蜗轮减速有敲击声	蜗杆轴向间隙过大或蜗轮齿磨损严重	更新
	周期性忽高忽低的响声	齿轮节圆与轴偏心，组合齿轮的齿距有积累误差	修理，重新安装或更新

续表 5-3

部件名称	故障	可能的原因	消除方法
减速器	减速器发热	润滑油过多	圆柱齿轮及伞轮减速器内油温＜60 ℃；蜗轮减速器内油温＜75 ℃（周围温度为 25 ℃），油面应保持在油针两刻度之间
制动器	制动器在上闸位置中不能支持住重物； 制动轮发热闸瓦发出焦味，制动垫片很快磨损； 制动器不能打开	制动器的坠重下面存在物件，弹簧松弛	清理制动器，调整弹簧
		电磁铁的铁芯没有足够的行程	调整制动器
		制动轮上有油	清洗制动轮
		制动轮磨损	调整弹簧
		主弹簧损坏或松动	更新主弹簧
		拉杆松动	调整拉杆
		电磁铁芯有剩磁	退磁
		闸块或闸带在松弛状态，没有均匀地从制动轮上离开	调整闸块（带）与制动轮的间隙
		短行程的制动器辅助弹簧损坏或弯曲	更换或修理辅助弹簧
		线圈中有断线或烧毁，短行程制动器的主弹簧弹力过大	更换线圈
		长行程制动器重锤过分拉紧	调整弹簧或重锤
小车运行机构	打滑	轨道上有油或水	去掉油或水
		轮压不均匀	调整轮压
		直接启动电动机过猛	改善电动机启动方法
	小车“三条腿”	车轮直径不等	调整车轮
		轮压不均	
		车轮安装不合要求，误差过大	
		车体焊接过程中产生变形	火焰矫正
大车运行机构	“啃道”	车轮安装偏差	调整车轮水平、垂直度或对角线偏差
		轨道辅设偏差	调整轨道标高
		有油或水	清理轨道
		传动系统偏差过大	使电动机、制动器合理匹配，检修油键、齿轮
		车架偏斜变形	火焰矫正

桥式起重机电气设备一般故障及桥式起重机消除方法见表 5-4。

表 5-4　桥式起重机电气设备故障及消除方法

故障	可能的原因	消除方法
整个电动机均匀发热	由于接合延续时间增大而引起的过载	降低起重机工作的繁忙程度或更换相应接电持续率的电动机
	在低电压下工作	测量电压，电压低于额定电压 10%，应停止工作
定子局部过热	个别硅钢片之间局部短路	除去引起短路的毛刺或消除其他原因，并在事后用绝缘漆涂刷修理过的地方
定子绕组局部过热	接线错误，各相之中有某一相绕组的两个地点与外壳短路	检查每一相的电流和消除“错接”的相，用指示灯等来确定损伤的地方和消除这种损伤
转子发热过高	接头中接触不良	查接头并接好
电动机工作时发出不正常的噪声	定子中有错接的“相”	查接线系统并改正
	定子的配合不紧密	查定子并修理
	轴承磨损	更换轴承
电动机电刷冒火花或滑环被烧焦	电刷研磨不好	将电刷磨合
	电刷在刷握中太紧	调整电刷或研磨合适
	电刷及滑环脏污	用蘸酒精的布将滑环擦干净
	滑环不平，造成电刷跳动	车削或磨光滑环
	电刷压力不够	调整电刷压力
	电刷牌号不对	更换合适的电刷
	电刷间电流分面不均匀	检查刷架馈电线及电刷，并矫正
交流电磁铁芯线圈过热	电磁铁吸力过载	调整弹簧拉力
	磁流通路的固定部分与活动部分之间存在间隙	消除间隙
	线圈电压与电网电压不相符合	更换线圈或改变接法
电磁铁发出“嗡嗡”声	电磁铁过载	调整弹簧
	磁流通路的工作表面上有污垢	消除污垢
	磁力系统偏斜	调整制动器机械部分，消除偏斜
电磁铁不能克服弹簧的作用力	电磁铁过载	高速制动器机械部分
	电网中电压低	暂停工作
接触器线圈发热增高	线圈过载	减小活动触点对固定触点压力
	磁流通路的活动部分接触不到固定部分	消除偏斜、卡塞、污垢或更换线圈
“嗡嗡”声增高	线圈过载	减小触点压力
	磁流通路工作表面上脏污	消除污垢
	磁力通路自动调整系统中有卡塞现象	消除卡塞
触点过热或烧损	触点压力不足	调整压力
	触点脏污	消除或更换

续表 5-4

故障	可能的原因	消除方法
主接触器不能接通	闸刀开关未合上	合上开关
	紧急开关未合上	合上开关
	仓口开关未闭合	合上开关
	控制器手柄未放回零位	放回零位
	控制电路的熔断器烧断	检查熔断器
	线路无电	用电笔检查线路有无电压
起重机运行中接触器经常掉闸	触点压力不足	调整触头压力
	触点烧坏	先用锉刀锉平然后用“0”号砂纸磨光触点或更新
	触点脏污	清洗
	超负荷造成电流过大	减负荷
	轨道不平,影响滑线接触	修整轨道
控制器合上后电动机不转动	一相断电,电动机发出响声	找出损坏处,接好线
	转子电路断线	找出损坏处,接好线
	线路无电压	用电笔检查有无电压
	控制器触点未接触	检修控制器
	集电刷发生故障	检修集电刷
当控制器合上后电动机仅能往单方向转动	控制器反向触点接触不良或控制器转动机构有毛病	检修控制器并调整触点
	配电线路发生故障	用短接线找出故障并消除
	限位开关发生故障	检修限位器,恢复接触
控制器工作时,发生卡塞和冲击	定位机构发生故障	消除故障
	触头撑住弧形部分	调整触头位置
运行中控制器扳不动	定位机构有毛病或凸轮卡住触头	拉闸停车,修理控制器触头
触头烧损	触头压力不足	调整压力
	触头污染	清洗触头
液压电磁通电后推杆不动作	推杆卡住	清除卡塞
	网络电压低于额定电压的 85%	提高电压
	延时继电器延时过短或常开触头不动作	调整修理继电器延时为 0.5 s 左右
	整流装置损坏	修复或更新
	严重漏油	补充油,修理密封
行程小	油量不足或活塞与轴承间有气体	补充油液,排除气体

七、桥式起重机特殊操作技术

起重机司机在操作中,必须反复研究操作方法,深刻领会操作要领,这对起重机安全运行和提高工作效率很有意义。

(一)准确吊运和停车

由于许多事故由吊钩引起,故准确吊运物体是桥式起重机的运行关键。

要准确把吊钩停放在被吊物的上方,桥式起重机要利用大、小车进行“找正”。大车在司机正面,易于操作;判断小车位置的准确性,一般不易看清,当观察到钢丝绳哪一边先受力,哪一边后受力,这时应把小车开到先受力的一边。

不能突然起吊工作物,突然起吊产生的冲击会使起重机梁架产生不良影响。当起升工件的绳子快拉紧时,要一下一下地起升,并借机校正。

降落工作物要一下一下地慢慢降落,以求平稳落地。突然降落,容易使工件倒下,或引起设备剧烈振动。

停车时起重机上下振动,给吊装作业带来困难与危险,故起升机构的提升、停车时要稳妥进行。

(二)稳钩操作

使摇摆着的吊钩平稳停在指定位置或吊钩随起重机平稳运行的方法称为稳钩操作,稳钩操作是起重机司机的基本功。

吊钩摇摆一般由两个力引起,一是横向水平力(大车方向),另一个纵向水平力(小车方向),见图 5-12。从理论上讲,能使吊钩在某一摇摆方向的力消失,摇摆便能消除。

消除摇摆的方法是:当吊钩摇摆到最大幅度但尚未回摆时,把车跟向吊钩摇摆的方向,即钩向哪边,车向哪开,如图 5-13 所示。在向吊钩摇摆方向跟车时,大车或小车通过钢丝绳传给吊钩一个与吊钩回摆方向相反的力,从而抵消了作用于吊钩上水平方向的力,消除了摇摆。跟车的距离一般取决于摇摆时钩头的摆幅。摆幅大,跟车距离就大;摆幅小,跟车距离就小。桥式起重机横向摇摆应开大车稳钩,纵向摇摆应开小车稳钩,斜向或综合性摇摆应同时开大车、小车稳钩。

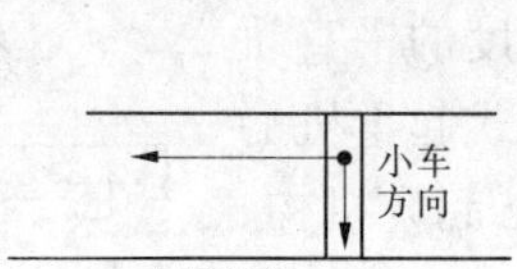

图 5-12　吊钩摇摆方向

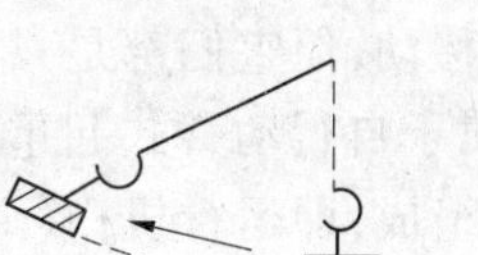

图 5-13　大车方向稳钩

当起重机突然启动后,钩头要摇摆。通常先把较远距离运行的起重机开动一下,使吊钩进行人为摇摆,在吊钩向起重机移动方向摆动时,再开车,并根据摇摆情况控制速度,使吊钩随起重机平稳运行。

(三)吊物翻转操作

吊物翻转有兜翻、游翻和带翻,吊物翻转不慎便引起事故。

1. 兜翻

兜翻是把翻物用钢丝绳扣挂在被翻物的底部或侧面下角部位，吊钩垂直上吊，当被翻物重心达一定高度时，就自动翻过去。兜翻用于不怕碰撞的物体。对于形状复杂的物体，要防止翻转后的连续翻动，引起“二次事故”。

2. 游翻

游翻是在被翻物下部着地后，上部在惯性力作用下向前倾倒，吊钩要顺势向下落，在翻转过程中使吊钩保持垂直。游翻主要用于扁体物件的翻转。

3. 带翻

带翻是把被翻物吊起后，立着落下，使钢丝绳绷紧后，向要翻的方向开车，把被翻物带倒。带翻用斜拉的方法翻物，斜拉角度一般为 3°～5°，角度大于 5°时不能进行带翻作业，见图 5-14。

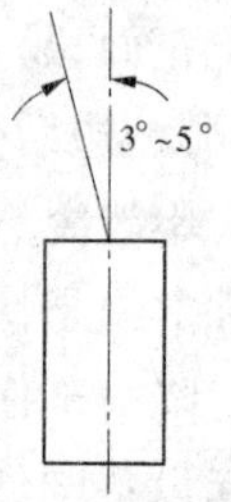

图 5-14　带翻

在物体翻转操作中，必须达到下述安全要求：

(1)确保作业人员人身安全；

(2)翻转区域、范围内，其他物体或设备不被碰撞；

(3)起重机不受冲击、振动；

(4)被翻物体本身不被碰坏；

(5)必要时应增加辅助起重机具配合等。

第二节　自行动臂式起重机

自行动臂式起重机是起重机装设在可行驶的底盘上。这种起重机利用变换起重吊臂的长短或仰角的大小来改变起升高度和工作幅度，同时利用重臂的旋转来完成吊运工作，依靠行走机构来扩大其工作范围，所以这种起重机亦称自行杆式起重机或自行旋转起重机。

一、分类范围与结构特点

自行动臂式起重机包括汽车式起重机、轮胎式起重机、履带式起重机、铁路式起重机、浮吊等。而塔式起重机和门座式起重机虽然也能自行移动，但它们都是只在一个有限长度的平直轨道上移动，故不属于自行动臂式起重机。自行动臂式起重机的机构均由四部分组成，即运行机构(又叫行走机构)、起升机构、变幅机构、旋转机构。见图 5-15。

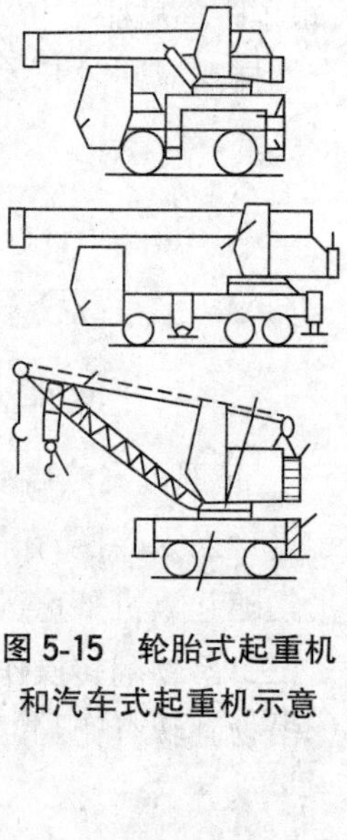
图 5-15　轮胎式起重机和汽车式起重机示意

运行机构实质上是整个起重机的基础部分，把它称为自行动臂式起重机的底盘。汽车式起重机就是将起重机的起升机构、变幅机构、旋转机构装在汽车底盘之上的。随着底盘的不同，自行动臂式起重机就具有了不同的行走功能。

自行动臂式起重机的起升机构由动力装置、减速装置、卷筒及制动装置等组成，该动力装置除用来驱动起升机构外，也用来驱动行走机构、变幅机构和旋转机构。这样的驱动形式称为集中驱动，具有工作可靠、操纵较麻烦的特点。自行动臂式起重机的动力机构常采用内燃机装置，有些是由内燃机带动发电机，供电给电动机，再通过减速器带动的起升机构。

为满足装卸工作需要和提高起重机的生产率，自行动臂式起重机要求在吊装重物时改变起重机的幅度。这种能在带载的条件下变幅的机构称为工作性机构，这种变幅机构要求有较大的驱动功率。除此之外，还应装有限速和防止超载的安全装置。由于起重机在各种不同的工作幅度时所允许的质量是不一致的，因此切勿在带载时增加工作幅度，以免超重而导致起重机倾覆。

采用钢丝绳滑轮组使臂架仰俯而变幅的称为挠性传动的变幅机构。传动装置有齿轮传动和蜗轮传动两种。采用齿轮传动的变幅机构，当工作幅度增加时，其臂架是依靠自重和载荷的重力自动下落的。此时，只得依靠人力操纵制动器来控制臂架的下降速度。采用蜗轮传动的变幅机构，依靠蜗轮的自锁功能，臂架的下降速度可由原动机的转速来控制。挠性传动变幅机构的优点是构造简单、安装方便，但臂架容易晃动，特别是易于发生臂架后倾的危险。

采用齿条、蜗杆或液压油缸使臂架仰俯而变幅的机构称为刚性传动的变幅机构。在现代新型的起重机中液压油缸变幅机构用得最多，这是因为液压油缸工作时比较平稳，结构轻。

变幅用的液压油缸按其位置不同而有前倾式、后倾式和后拉式三种，见图 5-16。

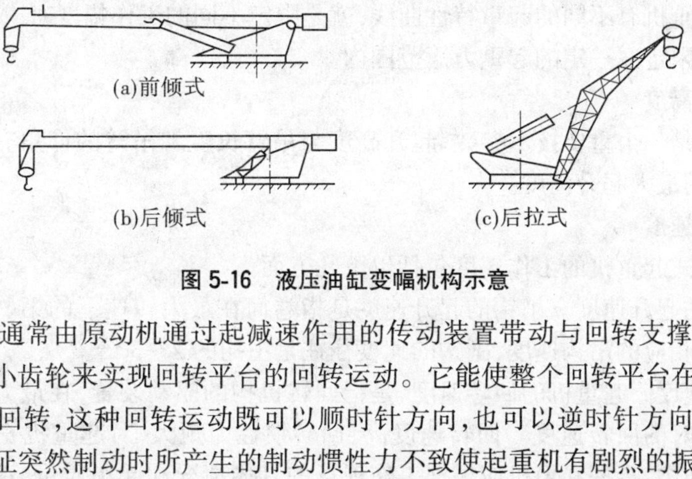

图 5-16　液压油缸变幅机构示意

回转机构通常由原动机通过起减速作用的传动装置带动与回转支撑装置上的大齿圈啮合的回转小齿轮来实现回转平台的回转运动。它能使整个回转平台在回转支撑装置上进行 360°的回转，这种回转运动既可以顺时针方向，也可以逆时针方向。回转机构的制动装置应保证突然制动时所产生的制动惯性力不致使起重机有剧烈的振动。自行动臂式起重机行驶时，应将回转平台固定在一定的位置。可用机构插销定位装置，这样回转平台便不会在行驶中左右摆动。

二、工作参数与技术性能

(一)起重量

自行动臂式起重机起重量一般不包括吊钩的自重。包括吊钩自重在内的起重量称为总起重量。

自行动臂式起重机的起重量是随吊臂的伸缩、仰俯的程度而变化的，起重量的大小是由吊臂强度和整机稳定性来决定的。当吊起重物后，起重机处在稳定和倾覆的临界状态，即当平衡力矩等于倾覆力矩时，这时的起重量称为临界起重量。起重机的额定起重量必须小于临界起重量，起重机铭牌上标示的起重量是指设备本身最大的额定起重量，超过额定起重量就称为超负荷。

（二）工作幅度

自行动臂式起重机的工作幅度和吊臂长度及吊臂仰角大小相关。起重机工作时，其仰角常在 30°～75°的范围内。

当起重机工作幅度变小时，允许起吊的质量增大。但当工作幅度小于或等于支腿跨距的一半时，吊装作业无法进行，所以规定了有效幅度的极限值，该极限值应满足下列公式要求，即

$$A = R_{\min} - h \geqslant [A] \tag{5-1}$$

式中 A——有效幅度；

$R_{\min}$——吊钩最小回转半径；

h——支腿跨距的一半；

$[A]$——有效幅度极限值。

（三）起重力矩

起重力矩是指最大额定起重量和相应的工作幅度的乘积。评定一台起重机的工作性能，既要看其起重量，也要看其工作幅度。起重力矩是衡量起重机在平衡状态下起重能力的指标。

不同的起重机有不同的起重特性曲线，就是限定不同的工作幅度对应不同的起重量，使两者的乘积限定在一定的起重力矩范围内。

（四）起升高度

起升高度是一个重要技术参数，起升高度与吊臂长度和吊臂的仰角有关。不同的起重机，有不同的最大起升高度。

（五）工作速度

自行动臂式起重机的工作速度包括以下几方面。

(1)吊钩的起升速度。吊钩的起升速度是指卷筒在最大转速下的第一层钢丝绳的单绳速度或与此相应的吊钩速度，副钩的速度往往是主钩的 2～3 倍。

(2)回转速度。起重机的回转速度，是指回转机构的驱动装置，在最大工作转速下吊起额定起重量时的回转速度。回转速度高、回转惯性力矩大，对起重机安全作业非常不利，在起重作业中，指挥和司机应根据工作现场的具体情况和起吊质量，正确选择合适的回转速度。

(3)变幅速度。变幅速度指吊臂头部沿水平方向的速度，对起重机的工作效率影响不大，但对起重机工作平稳性及安全性影响较大，在进行动臂变幅操作时，应取较低的变幅速度。

(4)动臂伸缩速度。具有液压伸缩动臂机构的起重机，在起重作业中可进行动臂伸缩，以调节起升高度和工作幅度。由于动臂的伸缩对整机稳定性和安全性影响较大，要求司机必须严格执行安全技术操作规程，选用较低的伸缩速度。动臂外伸速度一般在 6～10 m/min 范围内。缩回速度比外伸速度偏快。

(5)支腿速度。液压支腿的收伸速度一般用时间来表示，液压支腿的收伸速度一般在 15～50 s 之间。

(6)行驶速度。通过性参数是指汽车式、轮胎式起重机在正常行驶时能够通过各种道

路的能力。不同的起重机有不同的通过性参数。

(六)自重

自重是指起重机处于工作状态时起重机本身的全部重量。

三、几种自行动臂式起重机实例

(一)汽车式起重机

汽车式起重机,是装设在标准的或特制的汽车底盘上的起重设备。它主要由桅杆、回转装置、变幅装置、汽车底盘和支撑腿等机构组成。汽车式起重机经常用于露天起重作业中,运行速度高,机动性能好,能迅速转移工作地点,对于完成分散性的起重作业工作效率较高。

根据传动方向不同,汽车式起重机可分为机械传动和液压传动两种。

1.Q51 型汽车式起重机

Q51 型汽车式起重机安装在解放牌载重汽车底盘上,是机械传动式汽车起重机。起重机全部动力,均由汽车发动机供给,最大起重机能力为 5 t,起重机空载时,动臂可以向任何方向旋转 360°。图 5-17 所示为 Q51 型汽车式起重机结构。

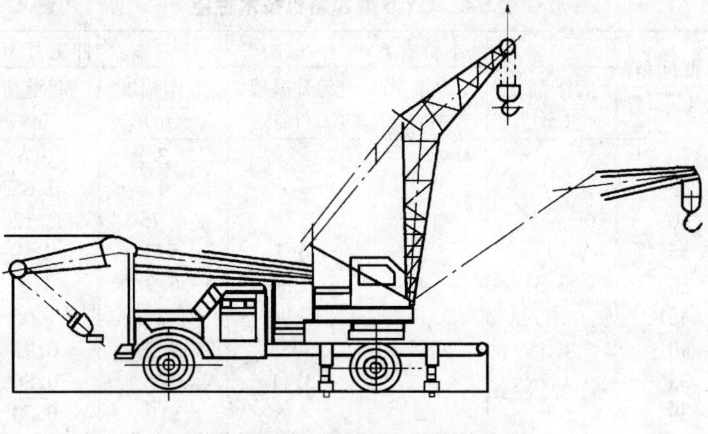

图 5-17　Q51 型汽车式起重机结构

Q51 型汽车式起重机技术性能见表 5-5。

表 5-5　Q51 型汽车式起重机技术性能

起重机吊杆工作幅度(m)	2.5	3.5	4.5	5.5
起重量(t)	5	3	1.8	1
起升高度(m)	6.5	6.1	5.5	4.5
最大起重力矩(t·m)	5×2.5			
支腿跨距(纵×横)(m)	2.098×3.1			
钢丝绳规格	6×19+1-14-155			
底盘型号	CA-10B			
外形尺寸(长×宽×高)(m)	8.74×2.42×3.4			
整机质量(kg)	7 500			
安全行驶速度(km/h)	30			

2.液压式汽车起重机

液压式汽车起重机是全回转、吊臂可伸缩的通用性移动式起重机。起重作业的所有机构全部采用液压传动和操作,传动平稳,操作简单,并且能无级调速,使用比较普遍。

(1)QY-5 型起重机。QY-5 型起重机是采用解放 CA-10C 汽车底盘、全液压前置伸缩臂式汽车起重机,能进行支腿收放,吊臂变幅,吊钩起升、回转及吊臂收缩等动作。图 5-18 所示为 QY-5 型起重机外形。

图 5-18 QY-5 型起重机外形

QY-5 型起重机技术性能见表 5-6。

表 5-6 QY-5 型起重机技术性能

指针位置	吊臂仰角(°)	基本臂 6.6 m			全伸主臂 10.6 m		
		工作幅度(m)	起重量(t)	起升高度(m)	工作幅度(m)	起重量(t)	起升高度(m)
7	70				3	3.5	11.15
	65				4	2.65	10.82
6	60				4.75	2.12	10.4
	55	3	5	6.7	5.5	1.7	9.95
5	50	3.5	4	6.36	6.3	1.3	9.35
	45	4	3.1	5.96	7	1.05	8.75
4	40	4.35	2.7	5.55	7.5	0.92	8.1
	35	4.75	2.2	5.11	8.1	0.80	7.38
3	30	5	2	4.6	8.6	0.70	6.56
	25	5.3	1.8	4.11	9	0.62	5.36
2	20	5.5	1.7	3.58	9.4	0.55	4.9
	15	5.7	1.52	3.03	9.7	0.52	4.04
1	10	5.9	1.45	2.3	9.9	0.51	3.16
	5	6	1.4	1.9	10	0.50	2.2
最大起重量(t)		5					
最大起重力矩(tf·m)		15					
最大起升高度		基本臂 6.7 m;全伸主臂 11.15 m					
工作速度		起升程主倍率 3 时≥10 m/min;倍率 1 时≥30 m/min					
		回转速度≤3.1 r/min					
		吊臂空载伸缩时间:全伸臂 13 s;全缩臂 10 s					
		支腿收放时间:放支腿 13 s;收支腿 10 s					
支腿跨距(纵×横)(mm)		2 600×3 300					
行驶状态外形尺寸(长×宽×高)(mm)		8 110×2 460×2 890					
整机质量(kg)		7 960					

(2)QY16 型汽车式起重机。QY16 型汽车式起重机是全回转伸缩臂液压式汽车起重机，采用专用汽车底盘，其主要技术性能见表 5-7。

表 5-7　QY16 型汽车式起重机技术性能

幅度 (m)	臂长 9.8 m		臂长 16.65 m		臂长 23.5 m		臂长 30.5 m	
	起重量 (t)	起升高度 (m)	起重量 (t)	起升高度 (m)	起重量 (t)	起升高度 (m)	起重量 (t)	起升高度 (m)
3.75	16	9.6						
4	14.5	9.5						
4.5	12.75	9.2						
5	11.6	8.8	9.5	16.6				
5.5	10.45	8.4	8.5	16.4				
6	9.3	7.8	7.8	16				
7	7	6.6	6.75	15.5	5	23		
8	5.35	4.8	5.6	14.9	4.3	22.5		
9			4.5	14.2	3.8	22.2	2	29.7
10			3.6	13.3	3.4	21.6	1.9	29.4
12			2.5	11.2	2.5	20.4	1.55	28.5
14					1.9	19	1.3	27.4
16					1.35	17	1.06	26.1
18					0.95	14.5	0.83	24.8
20					0.63	11	0.60	22.9
22							0.37	20.8
24							0.17	18.3

(二)轮胎式起重机

轮胎式起重机是装在特制的轮胎底盘上的起重装备，其运行速度较低，一台设备有一台或两台柴油机。

1. QL2-8 型轮胎式起重机

QL2-8 型轮胎式起重机为全回转自行动臂式通用性液压起重机，其行驶部分采用 CA10B 型解放牌载重汽车。起升、回转、变幅、支撑器、稳定器均采用液压传动方式，起重机操作方便，工作平稳，实现无级调速，比较安全可靠。QL2-8 型轮胎式起重机外形见图 5-19。

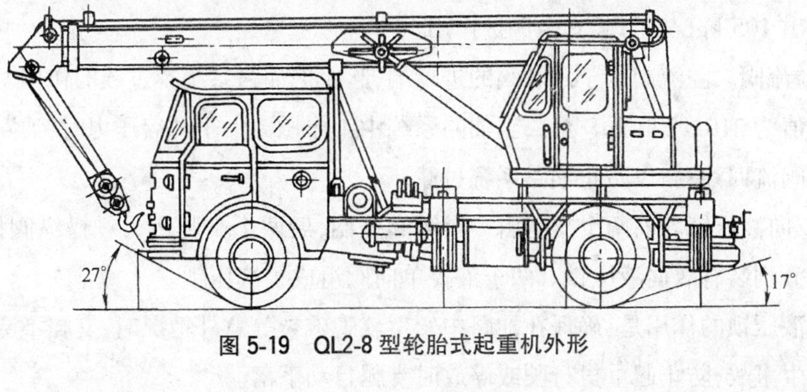

图 5-19　QL2-8 型轮胎式起重机外形

起重机在作业中，既可实现单个机构操作，又可以在轻载时几个机构同时联合作业。

1)传动系统

(1)起升机构传动系统。起升机构传动系统由起升电动机、起升减速箱、卷筒等组成，安装在吊臂尾部。

起升电动机受轴向柱塞泵排出的工作油液作用后，其输出轴便产生转动，通过减速箱中的蜗轮的啮合带动卷筒转动，实现收放钢丝绳和起落钩动作。起升机构制动装置是油压式棘轮制动器，起升时棘轮随蜗杆一起转动。起升动作中止后，在重物的作用下，棘轮反转，棘爪支住棘轮，由于制动力矩存在，蜗杆不能转动，制动器发生制动作用。

当重物下降时，油缸腔和压力油路相连通产生推力，推力通过止推轴承作用在蜗杆上。全部或部分地抵消了轴向力的作用，消除或减少了因轴向力而产生的摩擦制动力矩，来自起升电动机输出轴的扭矩克服此残余摩擦动力矩后，迫使蜗杆反转使重物下降。

(2)回转机构传动系统。回转机构传动系统是由回转电动机、减速箱、内齿圈等组成。减速箱固定在底架上，内齿圈和转台固定在滚子转盘上。变幅、伸缩臂等都是液压油驱动，工作原理与起升、回转机构基本相同。

2)液压元件

起重机油路系统由起升、回转、变幅、伸缩臂、前后支腿、稳定器和转向等油路组成，其中包括以确保机构安全运转为主要职能的平衡阀、恒流安全阀、溢流阀、双向液压锁等重要液压元件。

(1)平衡阀。平衡阀由顺序阀和单向阀并联组成。起升、变幅、伸缩臂液压系统分别都装有平衡阀。平衡阀的作用是保证落钩、落臂、伸缩臂平稳运行，而不发生“点头”现象，防止起重机产生振动。在起升、变幅、伸缩臂机构中除保证载荷平稳运动外，还起到液压锁的作用。一旦与油管连接的软管(橡皮管)突然破裂时，防止吊臂急速落下或缩回造成事故。

(2)恒流安全阀。恒流安全阀和转向齿轮泵、转向机构、油箱等构成转向操纵系统。恒流安全阀的作用主要是：保证转向齿轮泵在工作过程中供给转向机构的油量能保持一定，即转向机构获得的油量不因发动机转速的变化而变化；保证转向操纵油路系统中的油压不致超出 105 kgf/cm^2，起安全保护作用。

(3)溢流阀。溢流阀位于六联阀的进口端，起保护油路系统不过载的作用。溢流阀的开启压力值为 210～220 kgf/cm^2，当油路系统中工作压力大于开启压力时，油路中一部分油从溢流阀流回油箱，以防止油路系统过载。

(4)双向液压锁。前两个支腿由一操纵阀控制，后两个支腿由另一操纵阀控制，每一个支腿都分别装有双向液压锁。两个液控单向阀组成了液压锁。

双向液压锁的作用是：确保在油路中发生软管破裂等意外情况时，支腿不会突然失去作用而发生事故；防止起重机行驶或停放时支腿自动下落。

3)技术参数

QL2-8型轮胎式起重机起重量与起升高度技术参数见表5-8。

表5-8 QL2-8型轮胎式起重机起重量与起升高度技术参数

幅度(m)	起重量(t)			起升高度(m)	
	使用支腿	不用支腿		臂长4.4 m	臂长7 m
		正向	侧向		
3.2	8	3	2.3	4.1	7.2
3.6	6.2	2.5	1.8	3.5	7
4	5.2	2	1.5	2.7	6.8
4.4	4.5	1.7	1.3	1.4	6.4
4.9	3.8	1.5	1.1		5.9
5.5	3.2	1.3	0.9		5.2
6.2	2.6	1.2	0.8		4
7	2.2	1.1	0.7		1.4

QL2-8型轮胎式起重机工作时间见表5-9。

表5-9 QL2-8型轮胎式起重机工作时间

吊钩速度(额定起重量)		5.5 m/min	
回转时间(空载)		2 r/min	
变幅时间(空载)	起臂	幅度由7 m到3.2 m	22 s
	落臂	幅度由3.2 m到7 m	12 s
吊臂伸缩时间(空载)	伸臂	幅度由4.4 m到7 m	28 s
	缩臂	幅度由7 m到4.4 m	13 s

2.QL3-16型轮胎式起重机

QL3-16型轮胎式起重机为全回转自行动臂轮胎式起重机,是柴油带动发电机,由电动机驱动的起重机械。起重机用4135C-1型柴油机带动ZQF-45型直流发电机发电,再分别驱动起升、变幅、旋转、行驶各工作机构。电气部分采用直流24 V低压控制系统操纵,行驶制动系统采用气动操纵,行驶转向系统采用液压操纵,最大起重量为16 t。图5-20所示为其外形。

起重机起升、变幅、旋转各机构均采用电磁瓦块式常闭制动器。起重机行驶转向系统采用液压传动。起重机气路由车轮制动器和中央制动器控制。

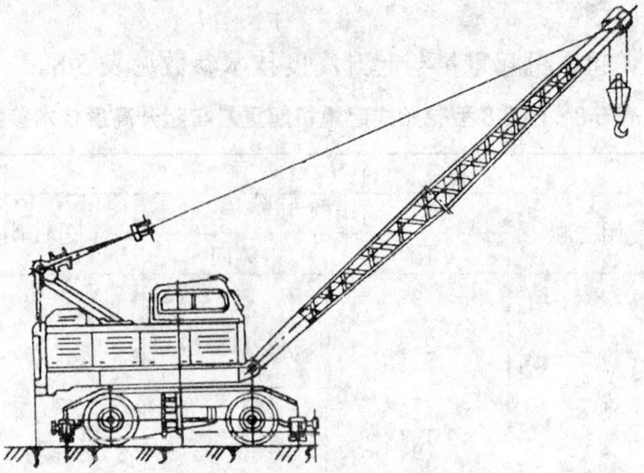

图 5-20 QL3-16 型轮胎式起重机外形

QL3-16 型轮胎式起重机技术参数见表 5-10。

表 5-10 QL3-16 型轮胎式起重机技术参数

幅度(m)	臂长 10 m			臂长 15 m			臂长 20 m		
	起重量(t)		起升高度(m)	起重量(t)		起升高度(m)	起重量(t)		起升高度(m)
	放支腿	收支腿		放支腿	收支腿		放支腿	收支腿	
3.4		10	8.2						
4	16	7.5	8.2						
4.4					6.5	12.95			
4.7	11.5	6	8.8	11	6	13.2			
5.5	8.7	4.7	8.5	8.5	4.5	13.5	8		17.96
6.5	6.6	3.7	8	6.4	3.3	13.45	6		18.4
8	4.7	2.5	6.9	4.5	2.5	12.85	4.2		18.25
9.5	3.5	1.8	5.3	3.4	2	12	3.2		17.7
11	2.8			2.7	1.5	10.9	2.4		16.95
12.5				2.2	1.3	9.45	1.9		16.05
14				1.8		7.55	1.5		14.95
15.5				1.5		4.6	1.2		13.6
17							1		12
18.5							0.9		9.8
20							0.8		6.685

注:1. 提升钢丝绳,最大许用拉力为 2.3 t(起重 16 t 时,倍率为 7)。

2. 当臂长为 10 m,收支腿时,允许在平坦路面上按收支腿的额定起重量 75% 吊重行驶,其行驶速度不得超过 5 km/h。

(三)履带式起重机

履带式起重机由原动机、起重及扬臂的卷扬机构、旋转部分、下部支架、平衡重、履带及起重臂等部件组成。起重机的原动力主要为内燃机。图 5-21 所示为履带式起重机结构。

履带式起重机在建筑安装工程中用得很广泛,它可在运输或仓库中进行装卸作业,其

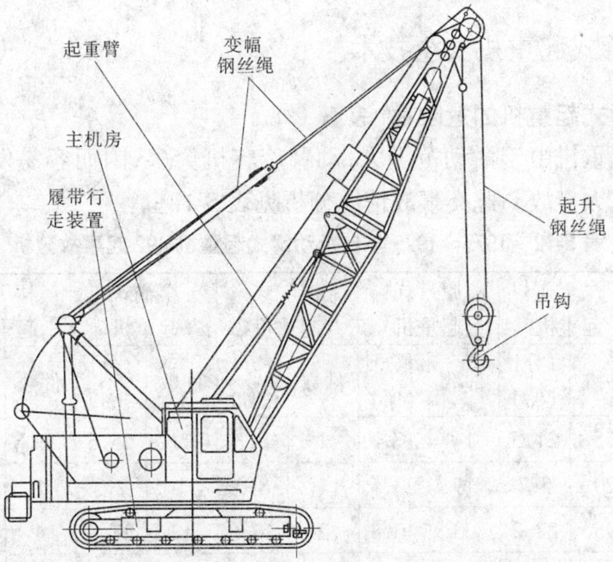

图 5-21　履带式起重机结构

优点是不需设置缆风绳，不要铺设轨道，在一般的路面上能行走或工作，起重能力较大，起重量可达数百吨。履带式起重机的缺点是：行驶速度慢，自重量大，在行驶中对路面有破坏性。

（四）蒸汽轨道起重机

蒸汽轨道起重机又叫铁路式起重机，它的原动机是蒸汽机，利用蒸汽锅炉向蒸汽机供汽，由蒸汽机驱动起重机的行走机构和卷扬机构，行走在铁道线上。

起重机取物装置有 15 t 的吊钩和 1.5 m^3 的轻型抓斗。当装吊钩时，适用于装卸货物或物件；当装抓斗时，适用于抓取散装物料，最大起重能力为 3.35 t。在正常情况下，抓斗在 1 h 可完成 48 个循环。

表 5-11 列出了 203 型蒸汽轨道起重机技术参数。

表 5-11　203 型蒸汽轨道起重机技术参数

吊杆长度(m)	至回转中心幅度(m)	吊钩复滑轮倍率	最大起重量(t)	最大提升高度(m)	备注
13	4.5	4	15	10.9	使用支持梁
13	4.5	4	9.5	10.9	不使用支持梁
16	5	4	10	13.9	使用支持梁
16	5	4	7	13.9	不使用支持梁
16	8.7	4	3.35(包括斗重)	11.5	1.5 m^3 轻型抓斗

四、自行动臂式起重机安全技术

(一)自行动臂式起重机的危险性

自行动臂式起重机由于活动范围大,动臂旋转机会多,因而容易发生倾覆、挟压、触电、坠臂、推碰等重大事故。此类事故情况分析见表5-12。

表5-12 1975～1979年自行动臂式起重机492起事故分析

事故分类		汽车式起重机		履带式起重机		浮 式起重机		车辆式起重机		其 他起重机		合 计	
		件数	百分比(%)	件数	百分比(%)	件数	百分比(%)	件数	百分比(%)	件数	百分比(%)	件数	百分比(%)
落下	吊装落下	75	21.5	14	17.3	1	8.3	11	25.6	3	42.9	104	21.1
	其他	20	5.7	19	23.5	1	8.3	1	2.3	1	14.3	42	8.5
	合计	95	27.2	33	40.8	2	16.6	12	27.9	4	57.2	146	29.6
吊物,吊具打击		14	4	11	13.6	—	—	3	7.0	—	—	28	5.7
挟压	吊物,吊具与地上物件	16	4.6	2	2.5	1	8.3	—	—	—	—	19	3.9
	吊物翻倒	9	2.6	1	1.2	—	—	—	—	—	—	10	2
	地面物件翻倒	5	1.4								—	5	1
	起重机与其他建筑物	3	0.9	1	1.2	—	—	—	—	—	—	4	0.8
	接触机件	18	5.2	4	4.9	2	16.7	4	9.3	—	—	28	5.7
	其他挟压	4	1.1			2	16.7	1	2.3	—	—	7	1.4
	合计	55	15.8	8	9.8	5	41.7	5	11.6	—	—	73	14.8
坠落	从机体上	5	1.4	1	1.2	2	16.7	—	—	—	—	8	1.6
	被吊物推碰	15	4.3	1	1.2	—	—	1	2.3	—	—	17	3.5
	其他	15	4.3	2	2.5	—	—	1	2.3	—	—	18	3.7
	合计	35	10	4	4.9	2	16.7	2	4.6	—	—	43	8.7
整机倾倒起重臂损坏		112	32.1	25	30.9	3	25	20	46.5	3	42.9	163	33.1
触电		37	10.6	—	—	—	—	1	2.3	—	—	38	7.7
其他		1	0.3	—								1	0.2
合计		349	100	81	100	12	100	43	100	7	100	492	100
机种百分比(%)		70.9		16.5		2.4		8.8		1.4		100	

(二)自行动臂起重机通用安全技术

1.合理使用支撑器(支腿)

将各支撑器支撑于地面,使四个支撑器落地并均匀受力。若地面松软,应用硬质材料垫平不让支撑器陷落。从而使起重机稳定平衡,增加其稳定力矩。在作业中,有些人员怕麻烦,不愿用支撑器,这是不允许的。

支撑器支撑好应用插销固定,以防移动失去车体平衡而造成事故。

2.控制动臂旋转角度

自行动臂式起重机在最大负荷下工作时,动臂的左右旋转角度应在规定范围内。动臂旋转角度左右分别不超过45°。

3.防止过卷扬

起重机在吊装重物时,吊钩与滑轮之间应保持一定安全距离,要防止卷扬过头,造成钢丝绳拉断或动臂(吊杆)后张。在起钩时,一般操纵杆不要扳得过紧,防止过紧而卡住,一旦发生事故而扳不回来,使起重臂反张,即起重臂超过最大允许角度而往后张,反张后一般都要造成人身或设备事故。

4.架空输电线与动臂保持安全距离

起重机不得在架空输电线下面工作。在输电线下面通过时,应将动臂放下。在架空输电线路一侧工作时,必须与输电线保持安全距离,雨、雾天的安全距离还要适当放大。见图5-24和表5-13。

表5-13　动臂与输电线最小距离

输电线电压 V(kV)	>1	1~35	>60
最小距离 h(m)	1.5	3	$0.01(V-50)+3$

5.动臂触电后的紧急对策

起重机动臂无法脱离高压输电线时,驾驶员千万不能随便下地,现场人员应立即把危险区围好,通知有关部门立即切断电源,驾驶员要等电源切断后再下地。如果现场无人时,驾驶员在关好一切操作手柄后再并足跳下(身体不能再触及车身与吊具),并继续并足(不能跨步)跳出危险区。以各支撑器为圆心、$R=8\sim10$ m为半径的范围内为危险区。

五、自行动臂式起重机安全作业程序

(一)发动机的启动与运转

1.启动前对发动机的检查

启动前对发动机做如下检查:

(1)检查冷却水和燃油的数量及质量,机油和液压油面高度是否达到标尺高度,质量是否达到使用要求。

(2)检查手制动杆是否在制动位置,变速杆是否在空挡位置。

2.启动发动机

启动发动机并使油泵开始工作。

3.预热液压油

使液压油预热到30 ℃方可工作,并在预热过程中检查有无异常声音和振动现象。

(二)支腿操作

作业前先放开支腿,在松软、倾斜的地面上进行作业时,必须选择好支腿位置,垫好垫板，使起重机保持水平稳定。

（三）起吊操作

1. 打开开关并进行检查

打开电源开关、防止超重装置及报警装置的开关，调整有关仪表指示开关的位置或挡位，查看液压油压力表读数。一切调整检查完毕无误后，方可操作。

2. 回转操作

（1）松开回转制动器后，方可进行回转操作；

（2）回转操作前要鸣喇叭示意；

（3）操纵回转操作杆要平稳，做到启动、停止时平缓稳妥，在回转运动进行中，若要向相反方向回转时，应先停车，再向相反方向回转。

3. 动臂变幅操作

（1）做到平稳操作，观察负载摆动情况和运行趋势；

（2）动臂稳妥下降。

4. 动臂伸缩操作

（1）动臂在伸缩过程中，要关注吊钩起升高度，防止动臂端部与吊钩滑轮组碰撞；

（2）禁止在吊重的情况下进行动臂伸缩动作，特殊情况下带吊物伸缩动臂时，必须在额定负荷范围内进行。

5. 吊重升降操作

（1）在确保蓄压器压力在规定值以内时，平稳地操纵操作杆，严禁突然升降重物，以免损坏油马达或动臂等；

（2）空吊钩可自由降落，用于降落重物，重物必须小于额定起重量的 30%；

（3）自由降落踏板的操纵要平稳，操作不准过猛，不得引起过大的振动和冲击，以免造成动臂变形或起重机翻车。

第三节　塔式起重机

一、塔式起重机的分类

塔式起重机是一种塔式竖立、起重臂回转的起重机，起重臂与竖直的塔身组成 T 形结构，此结构能保证更好地包围角形建筑物，提高了起重机的有效工作范围。塔式起重机的特点是，起重臂安装在塔身上部，因而有较高的起升高度和较大的工作范围，被广泛应用在建筑工程上。

（一）按旋转方式分类

按旋转方式可分为上旋式和下旋式两种。上旋式起重机塔身不旋转，它通过支撑装置安装在塔顶上的转塔可以在 360°内自由旋转。下旋式起重机塔身以上整体随支撑装置旋转，由于平衡重放在塔身部的下平台上，整个塔式起重机的重心比较低，增加了安全性。由于大部分机构均安装在塔身下部的平台上，这样就使维修工作比较方便，减少了高空作业的危险性。其缺点是由于平台低，为使回转方便，需使塔式起重机安装在离建筑物有一定的安全距离处,见图 5-22。

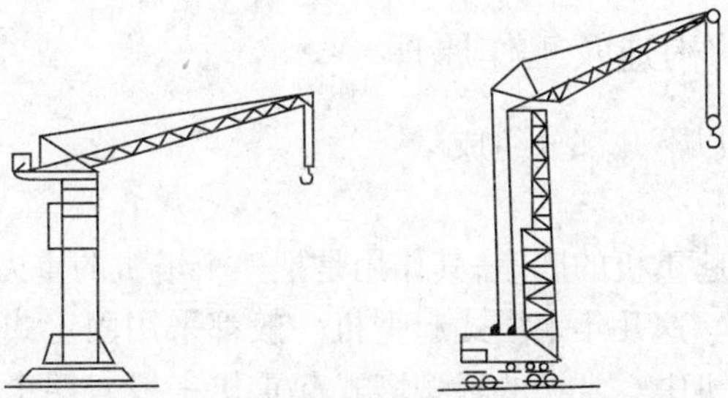

(a)上旋塔式起重机　　(b)下旋塔式起重机

图 5-22　上旋和下旋塔式起重机

(二)按变幅方法分类

按变幅方法分为动臂变幅式(也叫压杆式)和小车运行式两种,见图 5-23。

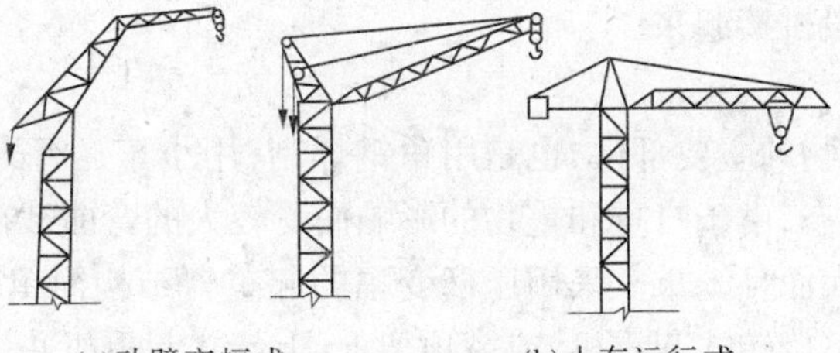

(a)动臂变幅式　　(b)小车运行式

图 5-23　动臂变幅和小车运行塔式起重机

水平小车起重臂固定在水平位置上,由起重臂上的运行小车来实现变幅。它充分利用幅度,使起重小车可以开到靠近塔身的地方,但起重臂很笨重。动臂变幅式利用动臂仰俯实现变幅,臂架结构简单轻巧。

(三)按起重量分类

按起重量可分为轻型、中型、重型塔式起重机。

轻型起重量 0.5～3 t,如 QT1-2 型,一般用于五层楼以下的民用建筑中。中型起重量为 3～15 t,如 QT1-6 型,用于工业建筑综合吊装及较高建筑施工之中。重型起重量为 20～40 t,用于厂房及高大建筑物的吊装。

目前随着建设的发展,高层建筑的高度增加,需要塔式起重机的自身高度相应增加。这样一方面会使钢结构部分质量增加,同时也给起重机的安装、使用、维护带来很多不便。因此,当建筑物高度超过 50 m 时,一般采用自升附着式塔式起重机。安装在建筑物内部,随着建筑的升高,靠爬升机构的作用,塔式起重机沿建筑物逐步爬升,这种类型的塔式起重机称为内爬式塔式起重机,见图 5-24。内爬式塔式起重机安装在建筑物内部,随建筑物升高,因此塔身高度可以做得较短,降低了塔式起重机的自重和造价。还有一种塔式起重机底座固定在专门基础上,安装在建筑物一侧,沿着塔身全高设有若干个中间附着装置,使起重机依附在建筑物

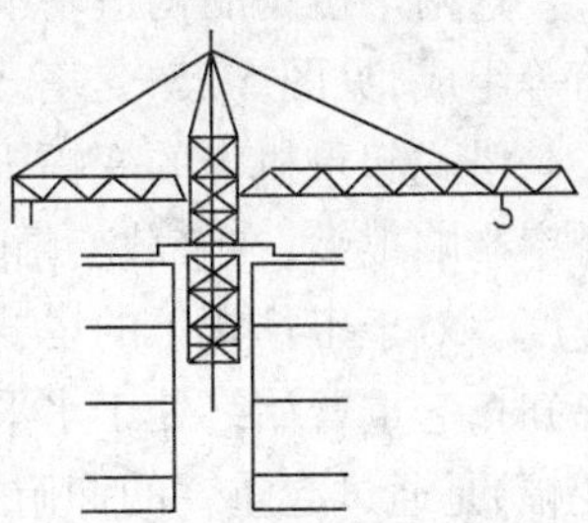

图 5-24　内爬式塔式起重机

上，这类塔式起重机的稳定性较好，称为外附着式塔式起重机。

二、塔式起重机的构造及工作原理

一般塔式起重机由以下几部分组成。

（一）门架

门架也是整个塔式起重机的底座，其作用是把整个塔机的重力荷载传到地面上去，分为固定式和活动式两种。这几年来塔式起重机一般都采用固定式，活动式门架则用在建造较低建筑的塔式起重机中。常见的轻型塔式起重机一般有四个走轮，其中两个主动轮由电动机带动。

（二）塔身

塔身在门架之上，用角钢焊制而成，其断面为正方形，上旋转式塔身与底座固定，其高度可以随着建筑物升高而升高，整个塔身做成许多标准节段，下旋转式塔身的高度往往固定，整个塔身做成三段拼接起来。

（三）起重臂

起重臂是起吊重物的主要部件，也是用角钢焊制，用小车运行式变幅的起重机，其起重臂始终处于水平状态，由于自重和重物的影响而受较大的弯曲载荷，所以这种起重臂的结构比较复杂，自重大而且笨重。采用压杆变幅的起重臂结构简单轻巧，但变幅功率大。起重臂连接在塔身（下旋转式起重机）或塔顶架上（上旋式起重机）。

（四）平衡臂及平衡重

悬挂平衡重（又叫配重）的悬臂梁称为平衡臂，是为了保证塔式起重机有足够的稳定力矩而设置的平衡装置。

（五）操作室

操作室是塔式起重机驾驶员操纵塔式起重机的工作场所，要求有良好、宽广的视野，便于观察被吊物体和指挥人员的情况。

（六）滑车组

滑车组也叫滑轮组，供起重、扬臂用。

（七）变幅和起升机构

这两个机构的构造基本相同，一般都放在配重箱上面，由电动机、减速箱、制动器、卷筒等组成，见图 5-25，是塔式起重机的关键部件。

塔式起重机上的变幅机构的特点是变幅频繁。因此，变幅的时间对塔式起重机的生产率影响很大，在带载变幅时变幅阻力非常大。所以在变幅机构中，一般采用较高的变幅速度。对于工作繁忙的塔式起重机，大多采用工作性变幅机构。水平变幅（小车运行变幅）时，起重臂始终处于水平位置，小车变幅的速度快，有效幅度大。动臂式变幅（非水平变幅）是通过起重臂的仰俯来实现的，重物不能做到水平移动。见图 5-26。

当幅度从 R_1 变化到 R_2 时，重物的位置升高了 H，臂架的重心位置也在提高。这样在变幅过程中，驱动装置除了必须克服一般阻力外，还必须克服由于臂架自重和起吊的重物上升所引起的阻力。而这两项阻力是整个变幅阻力中的主要部分。于是，在减少幅度时（臂架上仰）需要耗费很大的驱动功率；而在增大幅度时（臂架下俯），则产生较大的惯性载荷，这就影响到塔式起重机的使用性能。目前，为使操作平稳和节约功率，常采用各种方法使塔式起重机在变幅过程中保持的重物沿重心水平线或近似水平地移动。

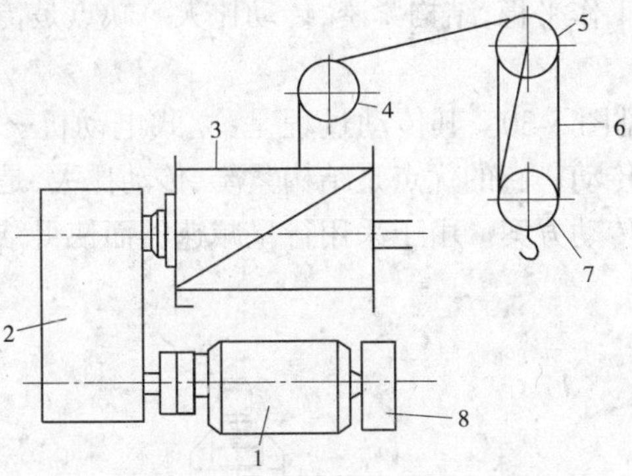

1—电动机；2—减速器；3—卷筒；4—导向滑轮；
5—定滑轮；6—钢丝绳；7—动滑轮；8—制动器

图 5-25　塔式起重机的起升机构示意

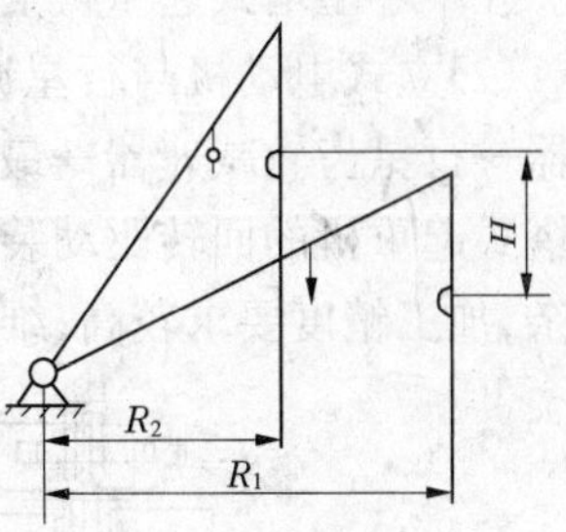

图 5-26　动臂式变幅

(八)旋转机构

塔式起重机的旋转机构由回转支撑装置和回转驱动装置两大部分组成，支撑装置用来支撑塔式起重机的回转部分，驱动装置用来驱动塔式起重机的回转部分。

1.回转支撑装置

塔式起重机的回转支撑装置常用的有定柱式和转盘式两种。

(1)定柱式回转支撑装置。特点是其转动部分有一个大钟形罩，带有起重臂的回转部分通过空心“钟罩”套装在定柱上，定柱牢固地装在非旋转部分，在定柱的两端分别有上支座和下支座，并通过驱动装置转动钟罩以实现塔式起重机的回转运动。见图 5-27。

(2)转盘式回转支撑装置。这是塔式起重机上较早采用的形式，主要是转动部分装在一个大转盘上，转盘通过滚动体(滚轮、滚子、滚珠、滚柱等)支撑在固定部分上并与转动部分一起回转。类似一个巨大的推力滚子轴承。见图 5-28。

图 5-27　定柱式回转支撑装置

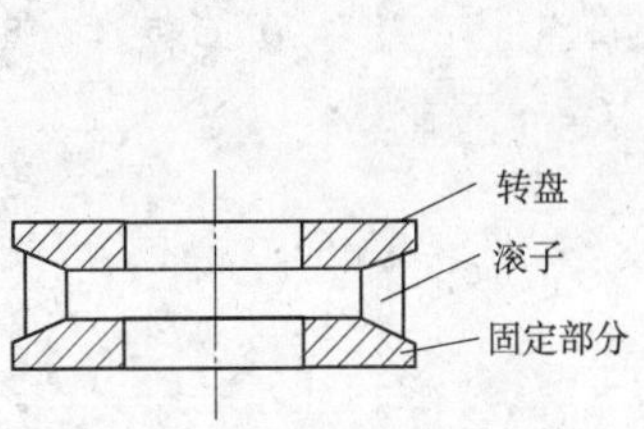

图 5-28　转盘式回转支撑装置

2.回转驱动装置

回转驱动装置应用最多的是以电动机为动力设备的机械传动装置。一般中小起重量的塔式起重机常采用一套回转驱动装置，而对于大起重量的塔式起重机则采用双驱动装置。

现简单介绍两种形式的驱动装置。

(1)卧式电动机与蜗轮减速器传动。见图 5-29。其传动过程是:卧式电动机 1→带制动轮的联轴器或液力耦合联轴器 2→蜗轮减速器或带极限力矩联轴器的蜗轮减速器 3→最后一级齿轮或针轮传动。它的优点是工作平稳,结构紧凑,传动比大。缺点是传动效率低。在中小型塔式起重机上应用较多。

(2)立式电动机与行星减速传动。见图 5-30。其传动过程是:立式电动机→柱形联轴器→行星齿轮减速器→最后一级齿轮传动。它的优点是结构紧凑,传动比大,是低速旋转塔式起重机的回转驱动装置较理想的传动方案。由于采用行星减速器而使得结构比较复杂,加工精度要求较高,维修也较困难。

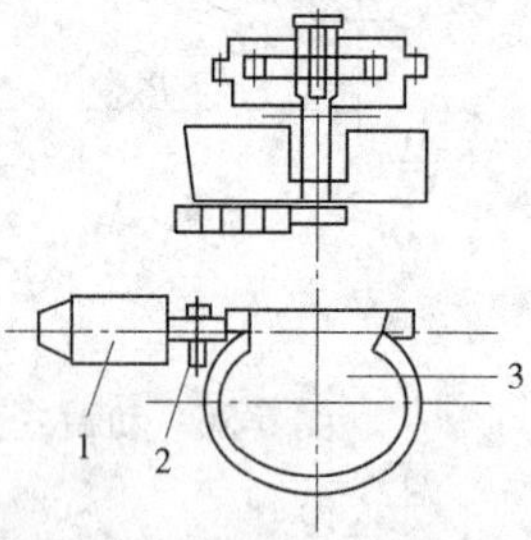

图 5-29 卧式电动机与蜗轮减速器传动

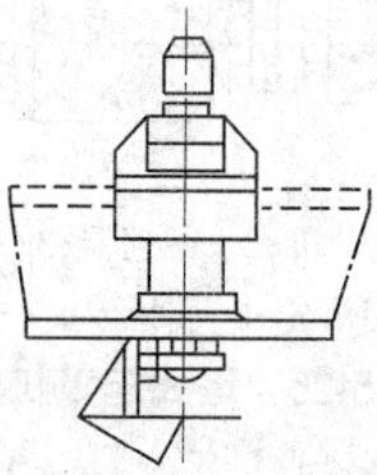

图 5-30 立式电动机与行星减速器传动

三、塔式起重机的技术性能

(一)QT60/80 型塔式起重机

QT60/80 型塔式起重机根据工作需要可安装成低塔、中塔、高塔形式。使用这类塔式起重机应进行稳定性计算。图 5-31 所示为 QT60/80 型塔式起重机结构。

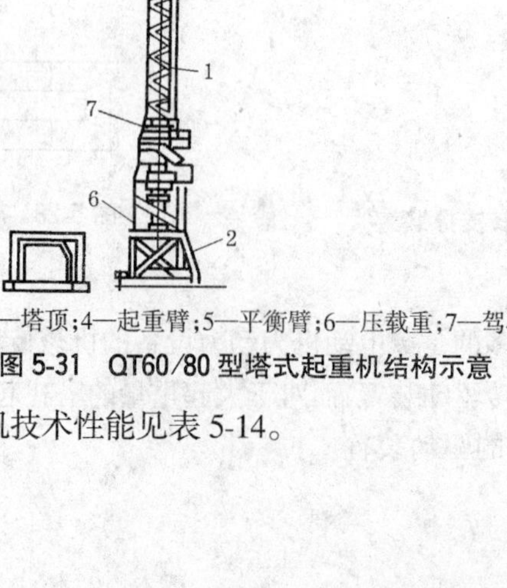

1—塔身;2—门架;3—塔顶;4—起重臂;5—平衡臂;6—压载重;7—驾驶室;8—转动机构

图 5-31 QT60/80 型塔式起重机结构示意

QT60/80 型塔式起重机技术性能见表 5-14。

表 5-14　QT60/80 型塔式起重机技术性能

塔级	起重臂长度 (m)	幅度 (m)	起重量 (t)	起重绳数 (最小)	起升速度 (m/min)	起重高度 (m)
60 t·m	30	30 14.6	2 4.1	2	21.5	50 68
	25	25 12.3	2.4 4.9			49 65
	20	20 10	3 6			48 60
	15	15 7.7	4 7.8	3	14.3	47 56
70 t·m	30*	30 14.6	2 4.1	2	21.5	40 58
	25	25 12.3	2.8 5.7			39 55
	15	15 7.7	4.7 9	3	14.3	38 50
	30*	30 14.6	2 4.1			37 40
80 t·m	30*	30 14.6	2 4.1	2	21.5	30 48
	25	25 12.3	3.2 6.5	3	14.3	29 45
	20	20 10	4 8			28 40
	15	15 7.7	5.3 10.4			27 36

注：* 30 m 臂为加臂，只作 60 t·m 使用。

QT60/80 型塔式起重机质量见表 5-15。

表 5-15　QT60/80 型塔式起重机质量　(单位:t)

塔型	机械自重	配重	压重	总重
高塔	40.5	4.5	45	91
中塔	37.4	4.5	30	71.9
低塔	34.9	4.5	30	69.4

(二)QT2-6 型塔式起重机

QT2-6 型塔式起重机外形尺寸见图 5-32。

四、塔式起重机常见事故原因

塔式起重机由于塔身高、稳定性差，容易发生折臂和倒塌事故。塔式起重机常见事故原因主要有以下几种。

(1)超负荷起吊。超负荷起吊往往使塔身失去稳定平衡：一是倒塔，一是断绳。前者危险性最大。

(2)斜拉。斜拉后，重物离开地面迅速沿钢丝绳竖直方向剧烈摆动，产生恶性打击事故。此外，超载斜拉能把塔身连接螺栓拉断而倒塔。

(3)风载荷作用。凡是在轨道上行走的露天工作的起重机，都应装有防风夹轨钳，以防起重机在受到大风、飓风吹袭时自由移动而出轨或倒塔。

防风夹轨钳是塔式起重机和其他在轨道上行走的露天起重机的重要安全装置。

(4)安全装置失灵。国产塔式起重机都有质量限制器、高度限位器、幅度指示器、行程开关等安全装置，这些装置失灵会造成事故。

(5)机上机下信号不统一。

(6)各种机件失修。

(7)地基下沉。由于地基下沉而使得起重机的轨道和基础歪斜，从而导致严重的事故，这也是屡见不鲜的。因此，起重机的地基、轨道、基础必须要达到规定的要求，以避免事故的发生。

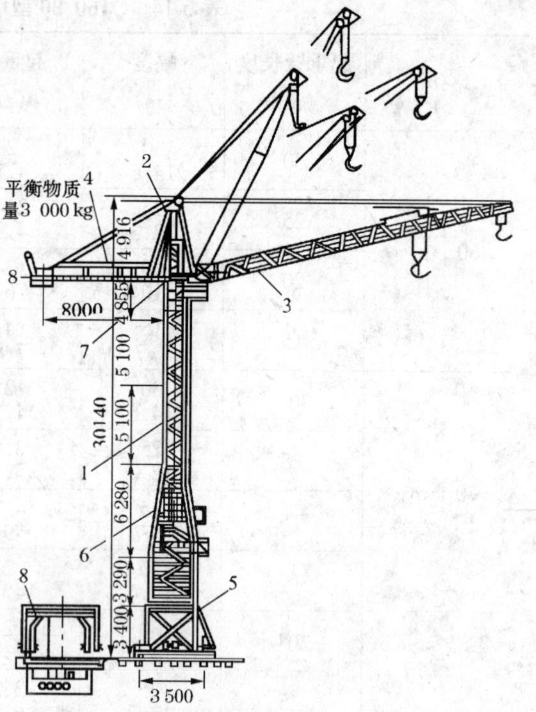

1—塔身(连接体)；2—塔顶；3—起重臂(吊杆)；4—平衡臂；5—门架；6—驾驶室；7—转动机构；8—平衡物

图 5-32 QT2-6 型塔式起重机外形尺寸 (单位：mm)

五、塔式起重机的检验与试验

(一)一般技术检验

1.检验金属结构状况

检验螺栓和铆钉连接部位是否松动及滑牙等不良情况，检验关键部位的焊缝是否开缝，焊件有无变形、损伤。

2.检验机构传动系统

检验各传动系统的轴承间隙是否合适，齿轮啮合是否良好，特别是检验制动器被油污及完好情况。

3.检验吊索具系统

检验钢丝绳和滑轮的磨损状况。

4.检验电气系统

检验电气元件是否良好，各接触点的闭合程度，线路连接是否正确和可靠，导线绝缘是否良好以及接触是否可靠。

5.检验其他部位

检验行走轮与轨道的接触是否良好，检验锚固装置是否牢固可靠。

(二)负荷试验

1.无负荷试验(空载)

无负荷试验的目的是检验各工作机构是否灵敏可靠。主要检验项目如下。

(1)试验起升机构。操纵控制开关，使吊钩上升，逐渐调至高速，然后反向降下吊钩，如此反复进行。

(2)试验回转机构。操纵回转机构控制开关，使塔式起重机左、右各转动360°，并反复进行。

(3)试验行走机构。松开夹轨钳，操纵行走控制开关，并检验行程开关的灵敏度。

(4)试验变幅机构。进行起、落起重臂的试验，对小车前后移动进行试验，并检验行程开关的灵敏度。

(5)进行综合试验。使大车行走(含小车变幅行走)、起升、回转动作同时进行，反复进行数次，试验综合动作的灵敏可靠。

2.静负荷试验

塔式起重机出厂和大修结束后要按规定进行静负荷试验。塔式起重机在转移的施工场地安装完毕正式使用前需进行超载5%的静负荷试验。

六、塔式起重机安全操作要点

(一)操作前的检查

(1)认真检查工作现场有无妨碍塔式起重机工作或行走的障碍物，检查轨道是否平直及轨距是否合用，夹轨钳是否松开，确认安全后方可登机。

(2)接通电源，用试电笔检查金属结构是否有漏电现象，确认无漏电现象之后方可操作。

(二)安全操作要求

(1)严禁使用塔式起重机吊钩载人升降。

(2)任何一个工作机构换向时，必须运动停止后再转向另一方。在操纵回转机构时，必须稳妥操作。

(3)不同的塔式起重机有不同的操作方法，司机必须熟悉自己操作机型的安全技术规程。

(4)对轨行式塔式起重机工作结束时，应将起重机开到轨道中间停放，上紧防风夹轨钳(铁鞋)，吊钩起升到距离起重机臂2～3 m处，并将起重臂转到与轨道平行的方向。

(5)当重物吊到空中，突然制动失灵、突然停电时，应冷静慎重处理，采取可靠措施使重物安全降至地面。

七、塔式起重机常见故障及排除方法

塔式起重机发生故障的原因较多，概括起来主要是两个方面。

(一)塔式起重机故障主要原因

1.人的不安全行为

塔式起重机的操作、维修、管理人员由于主观上的原因，即人的不安全行为，而造成塔式起重机的故障，主要是：

(1)设备带病运转，不按时进行检修；

(2)平时不重视设备维护保养，设备完好状态差；

(3)在检修中，安装、调整不妥；

(4)违章操作或超负荷运行等。

2.物的不安全状态

从本质安全来考虑，设备的不安全状态也是塔式起重机故障和事故的重要原因之一。

设备不安全状态主要是：

(1)安全防护装置缺乏或失灵；

(2)机械零件的自然损坏或磨损；

(3)机械零件材质不好；

(4)气候的影响或非常状态的影响。

(二)塔式起重机故障及排除方法

塔式起重机常见故障、故障原因及排除方法见表5-16。

表5-16 塔式起重机常见故障、故障原因及排除方法

部位	故障	产生的可能原因	排除方法
滚动轴承	(1)过度发热 (2)工作时噪声过大	(1)润滑油过多或种类不合乎要求；轴承零件有损坏 (2)轴承中有油污或安装不正确；零件有损坏	(1)清洗检查，换新的合乎规定的润滑油、轴承 (2)有损坏的零件应更换新轴承
制动器	(1)制动器不灵 (2)制动瓦发热冒烟	(1)制动间隙过大或有油污；弹簧松弛或推杆行程不足 (2)机构工作时，制动瓦没有完全脱开	(1)调整间隙清洗油污，调节弹簧的张力 (2)调整制动瓦间隙
钢丝绳	(1)磨损太快 (2)跳出滑轮槽	(1)滑轮不转动或滑轮槽与绳索直径不符合 (2)滑轮偏斜或位移 (3)钢丝绳牌号不对	(1)更换或检修滑轮 (2)调整滑轮的安装位置 (3)更换合格的钢丝绳
开式齿轮	(1)工作有噪声及磨损不一致 (2)轮辐或轮齿上有裂纹	(1)制造不精确，安装不正确 (2)由于有过大的冲击载荷	(1)修理、调整或重新安装 (2)更换新齿轮或修理
减速箱	(1)噪声大，发热 (2)整个减速器振动 (3)漏油	(1)润滑油缺乏或过多，齿轮啮合不良 (2)联轴节安装不正确，两轴不同心 (3)油封失效 (4)轴颈磨损 (5)分箱面不平	(1)修理调整，加油润滑 (2)重新校对中心距，重新安装 (3)换油封 (4)修磨轴颈 (5)刨平磨研分箱面
滑动轴承	(1)过热 (2)轴衬磨损严重	(1)轴承偏斜或装得过紧，油中有杂质或缺油 (2)缺油或油中有脏物	(1)调整重装，更换新油 (2)清洗换油，更换磨损严重的轴承
金属结构	变形	(1)超载 (2)拆运中碰撞，不正确的吊点	(1)禁止超载 (2)已变形的部分应检修调直
回转机构	旋转动作跳动或严重晃动	(1)小齿轮和大齿圈啮合不良 (2)支撑滚轮间隙过大	(1)检修 (2)调整间隙

第四节　门座式起重机

一、门座式起重机结构与技术参数

(一)结构

门座式起重机简称门机,它因门型金属结构(门架)而得名,是大型电动起重机。

平台、梯子、门架、机房、司机室、转柱、转盘、组合臂架系统和人字架总称为门机的金属结构,它与门机起升、变幅、回转、行走等四大机构以及供电、操作系统、安全装置组成一台完整的门机整体。

近几年来,门机金属部件(如门架、转柱、臂架等)都采用箱式结构。

门机上部有转盘、机房、司机室及组合臂架系统。机房内设有变幅驱动机构、起升机构、旋转机构及电器控制箱。组合臂架系统由臂架、象鼻架和刚性拉杆组成,还装有平衡梁及配重。

行走机构安装在门架下部的四条支腿上,沿轨道使门机移动。

门机的旋转机构能使门机 360°旋转。起升、旋转、变幅三个机构可单独或联合作业。在一般情况下,门机分为通用门座式或专用门座式两种。通用门座式是用吊钩(或抓斗)装卸货物或吊重,专用门座式只能用于某一种货物的吊运,使用范围较小。

门座式起重机是通过起升机构、回转机构、变幅机构三者联合动作来改变货物的位置,从而完成起重装卸任务。特别是变幅机构和回转机构性能的优劣,将对起重机的生产能力有重大影响。

由于门座式起重机需要在变幅机构的臂架和在负荷情况下进行变幅,因而称为工作性变幅,这样除了要求变幅机构能克服各种阻力外,还要求机构的刚性强、变形小,更要求有高效率的传动能力,方能完成繁忙的装卸任务。因此,门座式起重机的变幅机构比其他类型的起重机的变幅机构要复杂很多。这种变幅机构避免了变幅过程中伴随臂架及负荷升降而产生的阻力,保证了变幅过程中臂架系统的合成重心的高度基本不变,货物接近水平移动,这就使得变幅机构的驱动功率减少很多。目前,门座式起重机上大都采用组合臂架补偿法的臂架平衡系统来实现上述要求。

组合臂架补偿法利用臂架端点在变幅过程中沿接近水平的轨迹移动来保证其重心只极小地出现升降现象。组合臂架系统由臂架、象鼻架、刚性拉杆组成。上述三种杆件与机架一起构成了一个平面四连杆机构。拉杆与象鼻架一端铰接,拉杆另一端铰接于门机回转部分的筒上。一般来说,起升绳是与拉杆或臂架平行的。当臂架摆动时,带动象鼻架进行上下移动,此时象鼻端将以接近水平线的轨迹移动,使货物在接近水平状态下变幅。在小幅度时,拉杆可能受压,因此采用刚性拉杆来承受压力(见图 5-33)。

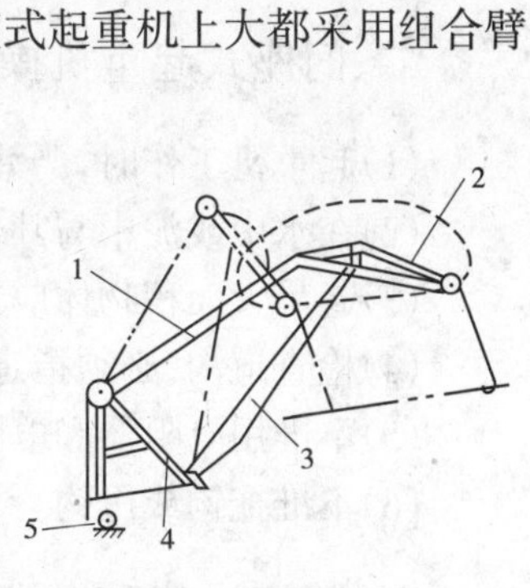

1—臂架;2—象鼻架;3—拉杆;
4—机架;5—卷筒

图 5-33　组合臂架系统示意

如果采用起升绳不与拉杆或臂架平行的结构,则当臂架摆动时,象鼻架端部的轨迹将是一条斜线。此时可依靠收放起升绳的办法来补偿象鼻架端部升降的高度差,使货物在接近水平状态下变幅。这种结构,在小幅度时拉杆不受压,因此可使用柔性拉杆。

门座式起重机司机在臂架带载变幅过程中,如发现被吊货物上下浮动较大,影响作业安全时,就应检查在变幅时货物的高度差是否超过规定的数值。在大幅度时,臂架应有后倾趋势,在小幅度时,臂架应有前倾趋势。这是保证门座式起重机安全作业的条件;否则,有可能发生事故。

门座式起重机的变幅机构驱动装置种类很多。常见的有齿条驱动装置、扇形齿轮驱动装置、液压驱动装置、螺杆螺母驱动装置等。这里仅对齿条驱动装置和扇形齿轮驱动装置的性能进行简单介绍。

1. 齿条传动变幅驱动装置

某厂生产的 MQD5-25 型门座式起重机采用了齿条传动变幅驱动装置。齿条通过装于机房顶上的减速器直接带动臂架。齿条的齿形带制成针齿状,这对简化制造和维修带来了方便。齿条传动和制动驱动装置的各项安全装置应灵敏、可靠。因为在起重机工作中齿条容易磨损,使得启动和制动时有冲击作用,而影响稳定性能,如安全装置不可靠,就有臂架超过行程而坠落的危险。因此,要求每周必须检查齿条的磨损情况。齿条传动变幅驱动装置能承受双向力,结构较小,因此比较紧凑,自重也比较轻,工作效率高。

2. 扇型齿轮驱动装置

上海某厂生产的 Q5-251 型门座式起重机的变幅机构采用了扇形齿轮驱动装置。这种装置可完成臂架的起伏动作,但这种装置只适用于配重设置在臂架延长线上的臂架上。在这种驱动装置中,齿轮是等速旋转的,因而臂架以等角速度起伏,但起吊货物的水平移动速度则随臂架倾斜角的增加而逐渐增加。扇形齿轮驱动装置只用在小型、低速起重机上。

门座式起重机的回转机构在结构和性能上类似于塔式起重机,本节不再介绍。

(二)技术参数

门座式起重机技术参数见表 5-17。

二、门座式起重机操作安全要求

(1)起重机工作时,严禁人员上下扶梯和平台。

(2)在水中或泥中与其他物件连在一起的吊物,不准起吊,在解除系连物后方可起吊。

(3)起吊大面积物体应设绳索牵引。

(4)检查道沟,必须指定专人监护、看管电缆和移动电插头。

(5)不准用电阻器和电阻片烘烤物品。

(6)不准拖钩或甩钩。

三、门座式起重机维护保养

按规定认真维护保养门座式起重机,是保证安全运行、延长使用寿命、提高生产率的重要条件。

表 5-17　门座式起重机技术性能

型　号		M10-30	M10-25	M5-30	Q5-25	M20	岗茨 CA102	岗茨 5-30	KJIJI 5-30-10.5	岗茨 10-22	岗茨 20-15	15 t 带斗门式起重机
起重量(t)		10	10	5	5	吊钩 20 t/25 m 12 t/30 m 抓斗 10 t	5	吊钩 6 抓斗 5	5	10	6.12/25 20/15	15
起重高度(m)	轨上	吊钩 25 抓斗 16	22	22	吊钩 22 抓斗 20	24	25	23	23.5	22	25	17.5
	轨下	15	15	15	20	12	15	15	20.5	11	15	12
工作幅度(m)	最大	30	25	30	25	30	25	30	33	22	25	26
	最小	8.5	8.0	8.5	8.5	9	6	8	8	7	8	9
最大高度 H(m)		4.5	38	41.3	40	42	30		46.9	43		
门架净空高度 H(m)		5.6		5.4	5.9	5.6	5.68			5.6		
配重量大幅度 C(m)		8		6.4	5.3	7.25	9					
轨距 L(m)		10.5	10.5	10.5	10.5	10.5	10.5	10.5	10.5	10.5	10.5	10.5
轴距(m)	大车 L_1	10.5	3	10.5	10.5	10.5	7.87	10.5	8	10.5	10.5	10.5
	台车 L_2	1.7	1.7	—	—	1.7						
	台车 L_3	0.765	0.765	0.765	0.765	24			0.65			
行轮	总数	16	16	8	8	24	8	12	12	10	20	20
	驱动轮	8	8	4	4	12	8	4	4			

续表 5-17

型号			M10-30	M10-25	M5-30	Q5-25	M20	岗茨 CA102	岗茨 5-30	KJIJI 5-30-10.5	岗茨 10-22	岗茨 20-15	15t 带斗门式起重机
尾部旋转半径 R(m)			≈7.8	5.5	5.5 (7.4)		7.25	7.6		5.5			5
起升机构	速度(m/min)		60	60	72	60		60	70	73	43	75/6,35/12,22/20	100
	工作制 Jc(%)		60	60	60	60	60	40	60	25		60	
	电动机	型号	JZR 72-10	JZR 72-10	JZR 63-10	JZR 62-10	JZR 71-10	ORH-12 26-6SL	HORS-1326-65		HORS 142-8		JZR 73-10
		功率(kW)	100	62(80)	40	30		34	45	60	53	45	125
		台数	2	2	2	2	2	2	2		2	2	2
旋转机构	速度(m/min)		1.6	1.55	1.8	1.75	1.46	2	1.75	1.75	1.35	1.5	1.6
	工作制 Jc(%)		40	40	40	40	40	40	25			40	
	电动机	型号	JZR	JZR	JZR	JZR	JZR	ORH-12 26－SL	HORS 114-6SL		HORS 132-8		JZR 52-8
		功率(kW)	22	36	23.5	24		23	23.5	11	≈40	20	30
		台数	2	1	1	1	2	1	1	1		2	2
变幅机构	速度(m/min)		51	55	48	46	42/12 t 21/20 t	60	60	45	32	45	70
	工作制 Jc(%)		40	40	40	40	40	40	40	40	40	40	

续表 5-17

型号			M10-30	M10-25	M5-30	Q5-25	M20	岗茨 CA102	岗茨 5-30	KJIJI 5-30-10.5	岗茨 10-22	岗茨 20-15	15 t 带斗门式起重机
变幅机构	电动机型号		JZR 52-2	JO_2- 71-4	JO_2- 52-4	JZR 41-2	JZR 51-2	HORS75-6-SL	HORS 736-6SL		HORS 114-8		JZR 6-103
变幅机构	电动机	功率(kW)	23.5	22	10	3.2		7.2	9.7	11	14	13.5	45
		台数	1	1	1	1	1	1	1	1	1	1	
行走机构	速度(m/min)		27	26.2	25	27.5	19.9	35	35	32.7	35	35	17
	工作制 Jc(%)		15	15	15	15	15	15	25		40		
	电动机	型号	JZR 31-6	JZR 22-6	JZR 31-6	JZR 31-6	JZR 22-6		HORS 736-65				JZR 41-8
		功率(kW)	13.2	7.5	13.5	13.2		13.5	9.7	11	13.5	9.8	11
		台数	4	4	2	2		2	2	2	4	4	4
电源	供电形式		电缆	电缆	电缆	电缆	电缆	电缆	电缆	电缆	电缆	电缆	
	总功率(kW)		313		130	119.2		151	142.6			182.7	
电缆卷筒位置			外侧	外侧	外侧	外侧	外侧	外侧	外侧	外侧	外侧	外侧	
最大工作风压(kgf/m^2)			40	40	40	40	40	25		34			
每轮承载力(tf)			22	15.65	22.5	10	21	20.5	20.1	17.6		29.5	
总重(t)			195	145	99.3	97.5	250	87.14	125	100	158	170	390
大车钢轨							QU48						

(一)门座式起重机例行保养

门座式起重机例行保养项目及内容见表5-18。

(二)门座式起重机定期保养

门座式起重机定期保养项目及内容见表5-19。

四、门座式起重机常见故障及排除方法

一般常见故障及排除方法见表5-20。常见电器故障及排除方法见表5-21。

表5-18 门座式起重机例行保养项目及内容

序号	项目	作业内容
1	作业的检查	(1)检查控制手柄是否在零位 (2)运行轨道有无障碍物 (3)夹轨器是否打开 (4)检查动力橡胶电缆接头是否完好与装配牢固性 (5)检查导线接头易松螺母,检查配电盘、接触器、继电器、保险片是否清洁完好 (6)松开旋转机构制动器
2	机械运转试验	(1)接通电源后,检查机体无漏电 (2)检查控制器、接触器、仪表、照明、声响设备是否正常 (3)放下吊钩,检查吊钩与滑轮组 (4)听查各电动机、减速器、卷筒有无杂音,检查各齿轮箱有无漏油 (5)试验起重机升降动作,听查运转声响,检查制动效能 (6)试验变幅动作,听查运转声响,检查制动效能 (7)试验旋转动作,听查运动声响 (8)试验行走动作,听查运转声响,检查制动效能 (9)试验指示器各安全装置终点开关是否灵敏可靠
3	作业中的保养	(1)注视控制器、电流表、电压表、接触器、继电器的工作情况 (2)听查各电动机、电阻器、减速箱、卷筒等运转声响 (3)注视吊钩升降、吊杆变幅、转盘旋转、机械运行的情况及其指示器的动作 (4)利用作业间隙时间检查各机构电动机、减速器、卷筒等轴承发热及温升情况,按规定对各机件加油润滑,紧固松动螺母
4	作业后的保养	(1)清洁机械,包括控制器、配电盘、仪表盘、操纵室和机房的地板、门窗 (2)检查、紧固导线接头螺母,调整接触间隙与压力,检查保险片和拧紧固定螺母 (3)检查起重、变幅、旋转、行走机构的情况 ①检查开式传动齿轮润滑情况,各齿轮箱、蜗轮箱的油量 ②拧紧联轴节连接螺母,检查传动轴、销及拉杆的连接情况 ③检查钢丝绳有无磨损和是否在滑轮槽内 ④按要求旋紧、校正各电磁制动器,检查缓冲器缸筒活塞、活动衔铁及制动器位置是否正常 ⑤检查油嘴,油量是否充足,油路是否畅通 (4)检查各指示器及安全信号装置的作用,按需校正 (5)将臂架收缩到最小距离,钩头升到最高位置,操纵室转到顺风方向 (6)切断电源,清理 (7)检查扶手、梯子、平台踏板、安全栏杆是否牢固,门窗门锁情况 (8)检查保养完好后,填写记录

表 5-19　门座式起重机定期保养项目及内容

序号	项　目	作业内容
1	清理机械外部	清扫人梯、平台踏板、操纵室、机房、变幅机构、旋转机构、升降机构、露天防尘罩、行走轮等处的灰尘及污垢
2	检听机械运转情况	检查机械完好与固定情况，进行空车试验，检听各部机械及电器设备运转是否正常
3	控制器及电板	(1)清除内外灰尘，打磨触头，调整压力及位置，拧紧导线接头螺母 (2)检查凸轮控制器的磨损情况，调整凸轮盘各挡位置，润滑手柄轴承，消除操纵时的摩擦声和滞后现象 (3)检查灭弧罩及绝缘板有无损伤、裂纹，熔断器是否安装牢固
4	照明板	清除灰尘污垢，检查附加电阻与熔断器是否装牢，紧固连接螺母，检查灯泡，清理灯罩及反光罩
5	限位开关与连锁装置	清除灰尘污垢，调整各限位开关位置，检查限位开关及连锁装置是否起作用
6	电动机	(1)清除外表灰尘 (2)打磨滑环(或整流子)，磨合碳刷，清除滑环刷架各部灰尘，调整碳刷压力及位置，拧紧底座螺栓和导线接头螺母
7	启动电阻器	清除灰垢，检查电阻片有无断裂和短路，拧紧固定螺母和导线接头螺母
8	中心电环和电缆卷筒滑环	清除污垢，检查磨损情况，调整碳刷压力，紧固导线接头螺母
9	传动轴和联轴节	检查传动轴、联轴节磨损及连接情况，润滑各润滑点，按需要更换连接螺栓和缓冲皮圈，拧紧各连接螺栓
10	减速器和开式齿轮	(1)清除灰尘、污垢，检查减速器漏油情况，查看齿轮油是否适当，按需添加或更换，拧紧底座螺母 (2)检查开式齿轮组磨损情况，润滑齿轮和轴承
11	卷筒	(1)查看机座螺孔有无裂损，拧紧螺栓 (2)检查卷筒和轴有无松脱现象，润滑轴承
12	吊杆、吊钩、滑轮组、钢丝绳	(1)检查吊杆、吊钩有无变形和开裂，紧固钩头螺母及夹板螺栓，润滑各销子及轴承 (2)检查滑轮磨损情况，润滑轮槽、轴、轴承 (3)清理、检查、润滑全部钢丝绳，紧固卷筒绳头压板螺栓
13	变幅机构	清除污垢，检查齿条、丝杆、齿轮、传动轴的磨损情况
14	液压系统	(1)清除污垢，检查油箱中油量和油的清洁状况，按需更换和补充(更换新油时应将整个液压系统清洁干净) (2)检查油管是否漏油，拧紧油管接头 (3)检查油泵、分配器、油缸及油压表的稳定性，对不正常现象应及时排除
15	转盘门架	(1)检查转盘门架的锈蚀情况 (2)清理转盘各部分，检查齿圈、驱动小齿轮、水平轮、转盘轨道、平面轴承的磨损和接触情况，并加注润滑油
16	制动器	(1)检查各制动器摩擦片和销轴磨损情况，调整摩擦片与制动轮的间隙 (2)电磁制动器，清除衔铁灰尘，按需调整弹簧压力或重锤位置 (3)检查液压制动器是否漏油，加足液压油
17	行走台车	清除污垢，检查行走轮轴、轮缘的磨损、腐蚀情况，夹轨器的完好情况，并对轴及轴承进行润滑
18	试　车	(1)检查有无工具、杂物遗留在传动部位，控制手柄是否在零位 (2)打开夹轨器及旋转锁紧装置 (3)开动机械，按起升、变幅、旋转程序试车，观察运行情况及摩擦离合器、制动器、安全装置的效能、仪表的作用，听查运转声响，检查轴承、齿轮箱有无发热和漏油，清除缺陷，排除故障
19	做资料、数据记录	填写机械检查记录表

表 5-20　一般常见故障及排除方法

故障现象	产生原因	排除方法
轴承发出较大声响	(1)轴承未压紧 (2)轴承损坏 (3)轴承盖紧固螺栓松动	(1)调整垫片厚度,保证轴承盖和轴承紧合 (2)更换轴承 (3)拧紧紧固螺栓
轴承发热过度	对于滑动轴承: (1)润滑剂不足,润滑剂质量不合格 (2)轴箱偏斜,间隙过小	(1)清洗轴颈,采用合格润滑剂 (2)重新装配,适当调整间隙
	对于滚动轴承: (1)轴承损坏 (2)润滑剂不合格	(1)更换轴承 (2)采用合格润滑剂
减速箱内发出周期性齿颤振声响	(1)齿侧间隙超过标准 (2)节距误差过大	(1)检修调整 (2)重新安装调整
减速器发出剧烈金属锉擦声	(1)传动齿轮间的间隙过小 (2)齿轮工作面磨损后,啮合性能不好 (3)齿顶上有毛刺	(1)调整间隙 (2)重新安装调试或更新 (3)修去毛刺
齿轮减速器发出连续的敲击声,机壳有振动声响现象	齿侧面有严重缺陷	更换新的齿轮
减速器漏油	(1)箱体变形箱盖和箱体配合平面不平 (2)油封损坏	(1)修整加垫,重新安装 (2)更换新油封
联轴节、销轴、橡皮圈磨损过快	联轴节、销轴、橡皮圈三眼不直,各孔不同心	重新校正调至同心
制动器打不开	(1)活动关节卡住 (2)主弹簧胀力过大 (3)制动摩擦片粘在有污垢的制动轴上 (4)电磁铁线圈或电动机断电 (5)电磁铁线圈或电动机烧坏	(1)纠正消除卡住现象 (2)调整主弹簧长度 (3)用煤油清除去油污 (4)检查线路 (5)更换线圈或电动机
	对于液压推杆制动器: (1)可能是叶轮卡住或推杆部分卡住 (2)液压油使用不当或缺油	(1)检查马达线路,调整推动器机构 (2)按不同温度调换或添加液压油
	对于液压电磁铁: (1)推杆卡住 (2)电网电压低 (3)硅整流装置的延时继电器延时过短 (4)整流装置损坏 (5)时间继电器常开触头不动作 (6)油塞严重漏油	(1)消除卡阻现象 (2)提高电压至额定值 (3)调整继电器的延时 (4)修复或更新 (5)检修继电器 (6)调换油封,添加液压油

续表 5-20

故障现象	产生原因	排除方法
液压推杆制动器行程小	油量不足	补充液压油
制动器摩擦衬垫有焦味，摩擦衬垫很快磨损	由于制动轮与摩擦衬垫之间的间隙不均匀，使摩擦衬垫不能均匀地离开制动轮，引起与制动轮摩擦产生过高温度，使摩擦衬垫烧焦	检查摩擦衬垫是否失圆，调整制动轮与衬垫之间的间隙
起升机构刹不住重物，行走、变幅、旋转机构不能在规定的制动行程内刹住	(1)制动器械杆系统中的活动关节被卡住 (2)制动轮上有油污 (3)制动摩擦衬垫过度磨损 (4)主弹簧没有压紧或损坏	(1)用油润滑活动关节 (2)用煤油清洗掉油污 (3)调换摩擦衬垫 (4)将主弹簧压紧至正常工作位置，并用锁紧螺母锁紧；若损坏则更换
脚踏液压制动器失灵	(1)管节头泄漏或油路中混有空气 (2)缺油	(1)拧紧接头，通过放气塞放气 (2)及时补充油量
液压管路中出现异常噪声	(1)油泵吸入空气而引起 (2)也可能是油温过高产生蒸气而引起	(1)检查油泵吸油管是否漏油 (2)油温过高，降低油温或换油，然后放气
液压变幅动作出现滞移现象	(1)溢流阀回油压力过低 (2)油封严重泄漏	(1)调整溢流阀压力 (2)检修或调换油封
电磁换向阀不能恢复到零位	阀杆受阻	采取反向复位办法或使工作油泵停止工作，同时需拆下换向阀进行检修

表 5-21　常见电器故障及排除方法

部位	故障现象	产生原因	排除方法
接触器	通电后不能合闸	(1)线圈内部断路或线圈引出线头断掉，接线螺钉松动 (2)触头被灭弧室壁卡住 (3)运动部分的机械结构被卡住 (4)线圈额定电压与电源电压不符	(1)调换故障线圈，接好线头，拧紧螺钉 (2)调整灭弧罩位置 (3)加机油，润滑连接部分，去掉卡阻杂物 (4)换上相符的电压线圈
	断电后衔铁不能释放复位	(1)触头熔焊住 (2)剩磁过大 (3)衔头或其他可动部分被卡住	(1)更换触头 (2)E 型铁芯中间铁柱细心锉去 0.05～0.2 mm (3)清除卡阻物或加油润滑
	噪声很大	(1)动静铁芯端面有尘污、油腻或铁锈 (2)短路环损坏、断裂或脱落 (3)极面磨损不平，动铁芯歪斜 (4)电源电压低	(1)刮去污垢、铁锈，揩清油污 (2)更换新短路环，规格与原来同 (3)修正极面，调整动铁芯 (4)检查电源电压
	触头过热灼伤	(1)触头弹簧因过热退火、疲劳老化压力太小 (2)触头上有油污、灰尘 (3)触头超行程太小 (4)触头的断开容量不够 (5)灭弧系统损坏	(1)按原规格调换新弹簧，重新调压力 (2)清除油垢，擦去灰尘 (3)更换已磨损的触头 (4)改用较大容量电器 (5)修理灭弧装置

续表 5-21

部位	故障现象	产生原因	排除方法
接触器	触头熔焊	(1)触头弹簧损坏,初压力小 (2)按触器容量太小 (3)操作频率过高	(1)调换触头弹簧 (2)更换适当容量的接触器 (3)正确操作
	线圈过热烧毁	(1)线圈绝缘老化、受潮,或受机械损伤造成短路 (2)磁路闭合不好,衔铁振动 (3)线圈额定电压与电源电压不符 (4)周围环境温度过高,操作频率过高	(1)线圈受潮烘干,浸绝缘漆,碰伤处修理好或调换线圈 (2)检查磁路系统 (3)调换线圈 (4)注意通风散热,正确操作
电动机	电动机温升过高或冒烟	(1)负载过大超负荷动转 (2)两相运转 (3)定子绕组有小范围短路或定子绕组有局部接地 (4)通风不良,环境温度过高 (5)操作频率过高	(1)减轻负荷 (2)检查外部或内部电路是否缺相 (3)打开电动机仔细观察比较温度,找出短路处,分开短路部分,用万用表查出接地处垫好绝缘,刷绝缘漆烘干 (4)清除风道灰尘,保证良好通风 (5)正确操作,尽量减少启动次数
	电动机运转时声音不正常	(1)电动机外部电路或内部绕组有断路处造成缺相运转,有“嗡嗡”声 (2)电动机轴承损坏	(1)用万用表检查外部电路与电动机绕组,排除断路故障 (2)更换新轴承
	电动机带负载运转时转速低,电动机不动	(1)电源电压低 (2)绕组式转子电刷与滑环接触不良 (3)绕组内部有局部短路或缺相运转	(1)测量电源电压 (2)调整电刷压力 (3)查出故障,予以排除
	接地失灵,电动机外壳带电	(1)电机绕组受潮,绝缘老化或引出线与接线盒碰壳 (2)绕组绝缘被槽内铁屑刺破	(1)绕组烘干或更换绕组,接好线头 (2)找出损坏地方,涂上绝缘漆
电源部分	中心滑轮烧毛甚至烧毁	(1)电刷弹簧片退火老化、疲劳断裂造成压力不够,接触不好 (2)积有灰尘,受潮、胶木绝缘降低,造成短路	(1)调换弹簧,锉去滑环毛刺,表面粗糙度不高于$\overset{3.2}{\bigtriangledown}$ (2)保持清洁干燥,滑环烧坏要调换
	推上开关测量有缺相	(1)触头上有污垢,或触头接触 (2)触头被灭弧罩卡住造成闭合不好	清除触头污垢,触头表面粗糙度高于$\overset{12.5}{\bigtriangledown}$,烧坏要换触头
	推上开关就跳闸	开关引出线有短路现象	检查引出线路,清除故障

续表 5-21

部位	故障现象	产生原因	排除方法
起升机械线路	按下警铃按钮,警铃响,但操作起升机构控制器时,无任何动作	(1)零位触头闭合接触不好 (2)时间继电器常闭触头闭合不好 (3)过电流继电器常闭触头损坏 (4)电压继电器线圈损坏或引出线断掉 (5)接线头松动	(1)检修零位触头 (2)检修触头 (3)检修触头 (4)调换电压线圈 (5)拧紧接线螺钉
	有下降,无起升	(1)起升高度限位开关接触不好或毁坏 (2)主令控制器触头接触不好 (3)螺钉松动,接线断	(1)检修限位开关 (2)检修主控制器各触头 (3)拧紧接线螺钉
	有起升,无下降	(1)限位开关接触不好或毁坏 (2)主令控制器触头接触不好 (3)螺钉松动,接线断	(1)检修限位开关 (2)检修主控制器各触头 (3)接好断线,拧紧螺钉
	自动挡操作正常,而手动操作时电动机转速上不来	手动操作回路中,中间继电器SZJ线圈损坏,引出线断,接线松动,触头闭合不好	检修中间电器SZJ
	手动挡:开闭斗或能耗制动,踩下脚踏开关,接触器都不动作	时间继电器触头没有调整好所造成,使得常闭触头先断开,常开触头后闭合	重新调整,确保瞬时动作。常开触头先闭合而延时动作,常闭触头后断开
	自动挡:开闭斗或能耗制动,踩下脚踏开关,接触器都不动作	时间继电器触头没有调整好所造成,使得常闭触头先断开,常开触头后闭合	重新调整触头动作程序,使常开触头先闭合,常闭触头后断开
	夏天抓斗作业,电动机烧坏	环境温度高,开闭斗电动机操作次数多	降低温度,加强通风
旋转机构	操作旋转机构,主令控制器,无任何动作	(1)行程开关接触不好 (2)零位触头接触不好或损坏 (3)电压继电顺线圈内部或引出线断路 (4)接线螺钉松动,接线断掉	检修各开关触头,拧紧各接线螺钉,线圈坏了应更换
	旋转速度慢,达不到额定转速,且听到"啪啪"的噪声	某一级加速接触器有问题,吸合不好,有振动,造成以后各级接触不能通电吸合,电阻不能切除	检修接触器,磁系统是否闭合好,清除铁芯端面积垢、铁锈,如短路环断裂或脱落应重新焊好或调换,检查各触头闭合是否良好
	开始操作旋转机构时转不起来,机身抖动	转子回路中串接的第一或第二段电阻有某处断路,造成转子缺相运转	找到故障处,调换电阻件
	有左转无右转(或有右转无左转)	(1)主令控制器触头没有接触 (2)电源接触器连锁触头损坏,接触不好 (3)接触器线圈损坏,或引出线断 (4)接线头松动	检修各触头,拧紧接线螺钉或调换已坏线圈

续表 5-21

部位	故障现象	产生原因	排除方法
变幅机构	油泵电动机能正常起动,但操作变幅手柄时,无任何动作	(1)电压断电器线圈损坏(断路)或闭锁触头接触不良 (2)行程开关常闭触头损坏或接触不好	(1)检修各触头,调换已坏线圈或电压继电器 (2)检修限位开关
	只有增幅没有减幅	(1)变幅限位开关损坏或接触不良,接线松动、断掉等 (2)减幅电磁线圈损坏	(1)修理限位开关,接好接线,拧紧螺钉 (2)修理电磁阀线圈
	只有减幅没有增幅	(1)变幅限位开关损坏或接触不良,接线松动,断掉 (2)增幅电磁线圈损坏	(1)检修各触头,调已坏线圈或电压继电器 (2)检修限位开关
行走机构	不能行走	(1)电缆限位开关损坏或接触不良 (2)停止按钮常闭触头接触不好 (3)过电流继电器闭触头接触不好 (4)增幅电磁线圈损坏	(1)检修电缆限位开关 (2)检修触头 (3)检修过电流继电器 (4)电刷压力不够,调换电刷弹簧,清除污垢
	拉断电缆	(1)电缆限位开关失灵 (2)电缆限位开关动作后返回时,司机按错行走方向按钮	(1)调整电缆限位开关位置 (2)注意操作
	电动机烧坏	轨道被阻塞,门机行走受阻碍,电动机因运转故障而烧毁	清除道轨上障碍物,加强管理

第五节 起重机安全装置

一、起重机安全装置的要求

各种起重机安全装置的设置与要求已作出专门规定,对不同类型的起重机安全装置与要求简要介绍如下。

(一)桥(门)式起重机

桥式类型起重机安全装置的设置与要求见表 5-22。

表 5-22　桥式类型起重机安全装置的设置与要求

<table>
<tr><th rowspan="3">序号</th><th rowspan="3">安全防护装置名称</th><th colspan="9">桥式类型起重机</th></tr>
<tr><th colspan="3">桥式起重机</th><th colspan="3">门式起重机</th><th colspan="2">装卸桥</th></tr>
<tr><th>要求程度</th><th colspan="2">要求范围</th><th>要求程度</th><th colspan="2">要求范围</th><th>要求程度</th><th>要求范围</th></tr>
<tr><td rowspan="2">1</td><td rowspan="2">超载限制器</td><td>应装</td><td>额定起重量大于20 t</td><td rowspan="2">维修专用起重机可除外</td><td>应装</td><td>额定起重量大于10 t</td><td rowspan="2">维修专用起重机可除外</td><td rowspan="2">应装</td><td rowspan="2"></td></tr>
<tr><td>宜装</td><td>动力驱动额定起重量为3～20 t</td><td>宜装</td><td>动力驱动额定起重量为5～10 t</td></tr>
<tr><td>2</td><td>上升极限位置限制器</td><td>应装</td><td colspan="2">动力驱动</td><td>应装</td><td colspan="2">动力驱动</td><td>应装</td><td></td></tr>
<tr><td>3</td><td>下降极限位置限制器</td><td></td><td colspan="2">①</td><td></td><td colspan="2">①</td><td></td><td>①</td></tr>
<tr><td>4</td><td>运动极限位置限制器</td><td>应装</td><td colspan="2">动力驱动的并且在大车和小车运行的极限位置(单梁吊的小车可除外)</td><td>应装</td><td colspan="2">动力驱动的并且在大车和小车运行的极限位置</td><td>应装</td><td>动力驱动的并且在大车和小车运行的极限位置</td></tr>
<tr><td>5</td><td>偏斜调整和显示装置</td><td></td><td colspan="2"></td><td>宜装</td><td colspan="2">跨度等于或大于40 m时</td><td>应装</td><td>跨度等于或大于40 m时</td></tr>
<tr><td>6</td><td>连锁保护装置</td><td>应装</td><td colspan="2">由建筑物登上起重机的门与大车运行机构之间、由司机室登上桥架的舱口门与小车运行机构之间;设在运行部分的司机室在进入司机室的通道口与小车运行机构之间</td><td></td><td colspan="2"></td><td>应装</td><td>设在运行部分的司机室在进入司机室的通道口与小车运行机构之间</td></tr>
<tr><td>7</td><td>缓冲器</td><td>应装</td><td colspan="2">在大车、小车运行机构或轨道端部</td><td>应装</td><td colspan="2">在大车、小车运行机构或轨道端部</td><td>应装</td><td>在大车、小车运行机构或轨道端部</td></tr>
</table>

续表 5-22

序号	安全防护装置名称	桥式类型起重机					
		桥式起重机		门式起重机		装卸桥	
		要求程度	要求范围	要求程度	要求范围	要求程度	要求范围
8	夹轨钳和锚定装置或铁鞋	宜装	露天工作	宜装	露天工作	宜装	露天工作
9	登机信号按钮	宜装	具有司机室			应装	司机室设于运动部分
10	防倾翻安全钩	应装	单主梁起重机在主梁一侧落钩的小车架上	应装	单主梁龙门起重机在主梁一侧落钩的小车架上		
11	检修吊笼	应装	在司机室对面靠近滑线一端				
12	扫轨板和支撑架	应装	动力驱动的大车运行机构上	应装	在大车运行机构	应装	在大车运动机构
13	轨道端部止挡	应装		应装		应装	
14	导电滑线防护板	应装	②				
15	暴露的活动零部件的防护罩	宜装	③	宜装	③	宜装	③
16	电气设备的防雨罩	应装	露天工作	应装	露天工作	应装	

注：①下降极限位置限制器，在吊具可能低于下极限位置的工作条件下，应保证下降到下极限位置时，能自动切断下降的动力源，以保证钢丝绳在卷筒上的缠绕不少于设计所规定的圈数。

②桥式起重机司机室位于大车滑线端时，通向起重机的梯子和走台与滑线间应设置防护板，大车滑线端的梁下应设置防护板。桥式起重机作多层布置时，下层起重机的滑线应沿全长设置防护板。其他使用滑线的起重机，对易发生触电的部位应设防护装置。

③起重机上外露的，有伤人可能的活动零部件，均应装设防护罩。

(二)自行动臂式起重机

自行动臂式起重机安全装置的设置与要求见表 5-23。

表 5-23　自行动臂式起重机安全装置的设置与要求

序号	安全防护装置名称	自行式起重机							
		汽车起重机		轮胎起重机		履带起重机		铁路起重机	
		要求程度	要求范围	要求程序	要求范围	要求程度	要求范围	要求程度	要求范围
1	力矩限制器	宜装	起重量小于 16 t	宜装	起重量小于 16 t	应装		应装	
		应装	起重量等于或大于 16 t	应装	起重量等于或大于 16 t				
2	上升极限位置限制器		应装		应装			应装	
3	幅度指示器	应装		应装		应装		应装	
4	水平仪		起重量等于或大于 16 t		起重量等于或大于 16 t				
5	防止吊臂后倾装置	应装		应装		应装		应装	
6	支腿回缩锁定装置	应装		应装				应装	
7	回转定位装置	应装		应装		应装		应装	
8	倒退报警装置	应装		应装		应装		应装	
9	暴露的活动零部件的防护罩	应装	①	应装	①	应装	①	应装	①
10	电气设备的防雨罩	应装		应装		应装		应装	

注:①起重机上外露的、有伤人可能的活动零部件,均应装设防护罩。

(三)塔式、门座式起重机

塔式、门座式起重机安全装置的设置与要求见表 5-24。

表 5-24　塔式、门座式起重机安全装置的设置与要求

序号	安全防护装置名称	塔式起重机		门座起重机		升降机		电葫芦	
		要求程度	要求范围	要求程序	要求范围	要求程度	要求范围	要求程度	要求范围
1	超载限制器	宜装	起重能力小于 25 m	应装		宜装		宜装	动力驱动
2	力矩限制器	应装	起重能力等于或大于 25 m						
3	上升极限位置限制器	应装		应装				应装	
4	下降极限位置限制器		①		①				
5	运行极限位置限制器			应装	在吊臂幅度的极限位置	应装	在上下极限位置		
6	幅度指示器	应装		应装					
7	连锁保护装置	应装	在动臂变幅机构与吊臂的支持停止器之间			应装	在各卸料口的门与吊篮的升降机构之间		
8	防止吊臂后倾装置	应装	动臂变幅						
9	极限力矩限制装置	应装	有可能自锁的旋转机构	应装	有可能自锁的旋转机构				
10	缓冲器			应装	在变幅机构	应装			
11	夹轨钳和锚定装置或铁鞋	应装		应装					
12	风速风级报警器	应装	臂架绞点高度大于50m时	应装	金属结构高度等于或大于 30 m 时				
13	登机信号按钮	宜装	司机室在上部并且设在运动部分	应装	司机室设于运动部分				

续表 5-24

序号	安全防护装置名称	塔式起重机		门座起重机		升降机		电葫芦	
		要求程度	要求范围	要求程序	要求范围	要求程度	要求范围	要求程度、	要求范围
14	扫轨板和支撑	应装		应装					
15	轨道端部止挡	应装		应装					
16	导电滑线防护板			应装	采用滑线导电结构				
17	暴露的活动零部件的防护罩	应装	②	应装	②				
18	电气设备的防雨罩	应装		应装		应装	露天工作		

注:①下降极限位置限制器,在吊具可能低于下极限位置的工作条件下,应保证下降到下极限位置时,能自动切断下降的动力源,以保证钢丝绳在卷筒上的缠绕不少于设计所规定的圈数。

②起重机上外露的,有伤人可能的活动零部件,均应装设防护罩。

二、起重机常用安全装置的结构原理

起重机安全装置是防止起重机发生人身、设备和操作事故的关键性装置,灵敏的安全装置能使误动作不能实现并预防事故发生。加强安全装置的管理是不可忽视的问题。

(一)行程开关

行程开关又叫行程限制器,是根据机构所需求的行程而对电动机实行控制的电器。行程开关是防止起重机超越允许运行范围的保护装置,它限制起重机各机构在一定范围内工作。用来限制工作机构在一定的范围内运行,安装在工作机构行程终点的开关,又称为终点开关,它有一个封闭式的铁壳,内部装有若干常闭触头,铁壳外的活动连杆与触头相连,当连杆被挡块碰撞而移动位置,内部常闭触点被打开,从而切断电源。

当起重机顶杆或推杆触动限位开关时,切断电路,起重机停止作业,行程(终点)限位开关主要安装在起重机的行走机构和变幅机构上,目前在起/重机上使用 L×4、L×7、L10、L×6Q 系列。L×7 系列、L×10-31 系列型行程开关主要用于起升机构,L×10-11 型行程开关主要用于平移机构上,图 5-34 所示为其外形。

(二)起升高度限制器

起升高度限制器又称卷扬限位器,防止司机或操作工人一时疏忽而造成起重钩过卷扬,过卷扬可能使钢丝绳折断、钩头掉下或挤碎滑轮。在一般情况下,当吊钩滑车升到距起重机 300 mm 左右时,能自动切断电源。

起重高度限制器有重锤式、螺杆式、蜗轮蜗杆式三种。重锤式限制器常用 L×10-31 型和 L×10-32 型行程开关,L×10-31 型行程开关见图 5-35,在起升结构中的作用是:当吊钩上升到极限高度时,托板 3 托起重锤 2 在重锤 1 的作用下,使转轴 4 旋转,断开触头,这种开关缺点是小车运动时,重块也发生摆动,会发生钩头滑轮碰不上重块而过卷扬。

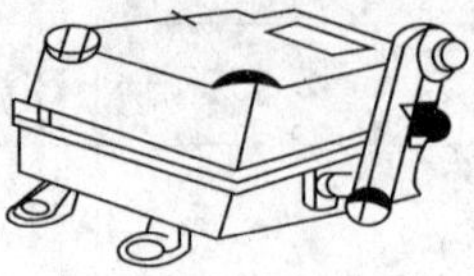

图 5-34 L×10-11 型行程开关

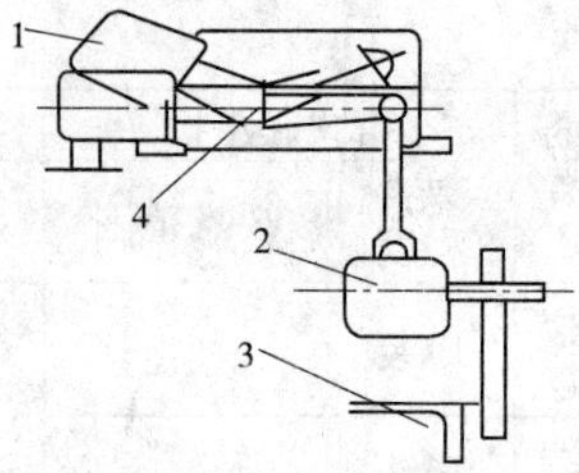

1,2—重锤;3—托板;4—转轴

图 5-35 L×10-31 型行程开关

蜗轮蜗杆式、螺杆式限制器通过联轴节与卷筒相连,卷筒旋转时,螺杆也随之旋转,达极限位置时切断电流,此装置质量小,准确可靠,维护方便,它的缺点是在起升高度发生变化后要进行适当调整,螺杆式高度限制器见图 5-36。

可控硅起升高度限制器结构简单,体积小,安装在司机室内的电控部分易于检查和维修,适用于电葫芦。还有一种防止动臂过卷扬的装置,在起重臂根部安一个凸轮,当起重臂接近极限位置(最大角度)时,凸轮打开限位开关,并及时报警。见图 5-37。

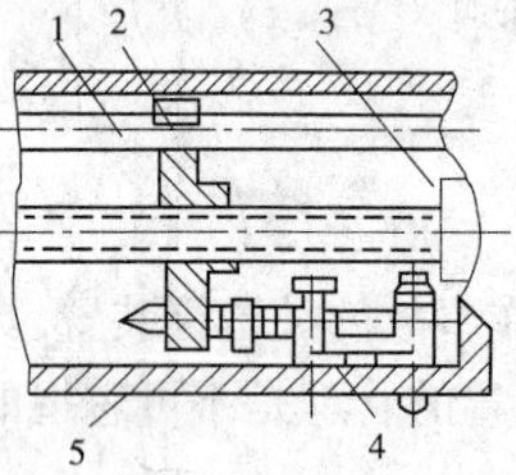

1—导向杆;2—螺母;3—轴承
4—限位开关;5—壳体

图 5-36 螺杆式高度限制器

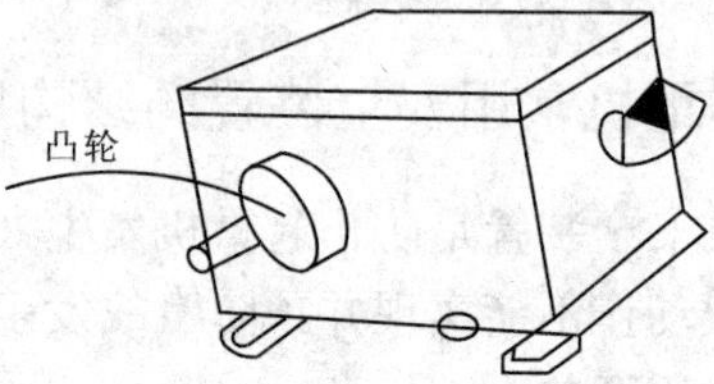

图 5-37 凸轮式过卷扬限制器外形

(三)超负荷限制器

超负荷限制器又叫起重量限制器,有机械式和电子式之分,机械式超负荷限制器主要有弹簧式、杠杆式和摩擦片三种,当起重量超过额定负荷时,限制器的弹簧、杠杆、偏心轮等产生机械运动,触动限位开关断电停车。杠杆式超负荷限制器,超过额定负荷后杠杆向下,使撞杆触动限位开关。

电子式超负荷限制器运用电子秤原理制作,具有质量小、体积小、准确度高的优点。电子秤主要用一次元件(传感器)和二次仪表(电子放大器)等组成。

(四)缓冲器

缓冲器是一种吸收起重机与物体相撞能量的安全装置,在起重机的制动器和终点开关失灵后起作用。当起重机与轨道端头立柱相撞时,保证起重机较平衡停车。运动速度大于 30 m/min 的起重机需装不同类型的缓冲器。

缓冲器有弹簧式、橡胶式、液压式数种。弹簧式缓冲器(见图 5-38)制造简单,使用可靠,但反坐力大。液压缓冲器吸收撞击能量大,可减少起重机的反坐力,120 m/min 以上的起重机适合装液压缓冲器。

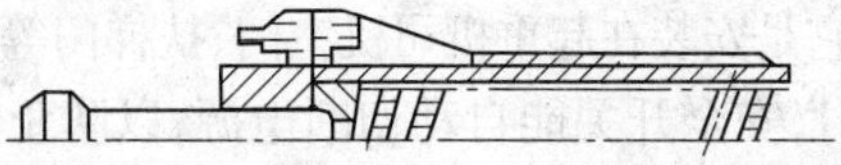
(a)结构图

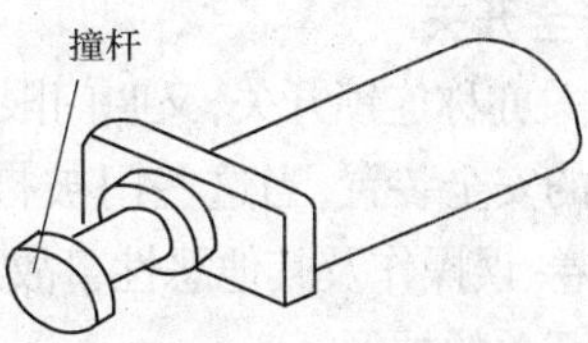

(b)外形图

图 5-38 弹簧式缓冲器

(五)力矩限制器

力矩限制器是动臂式起重机用来控制机身稳定的安全装置。当起重机超过额定负荷时,自动切断电源并发出报警信号,保证起重机的稳定。力矩限制器有机械式、电子式和复合式三种。图 5-39 所示为机械式力矩限制器,吊钩钢丝绳固定套 5 与杠杆 4 铰接,超负荷时钢丝绳拉动杠杆 4,从而压迫另一杠杆 3 产生位移,杠杆 3 克服弹簧力,触动限位开关 1,切断电源。

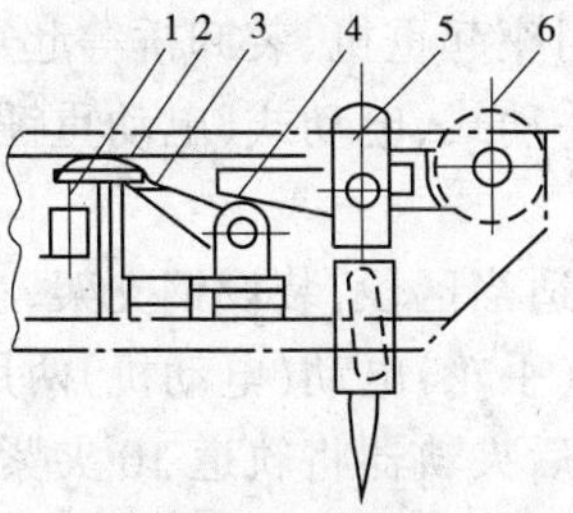

1—限位开关;2—弹簧;3—杠杆;
4—杠杆;5—吊钩钢丝绳固定套;
6—起重臂杆头部

图 5-39 机械式力矩限制器

汽车起重机用的电子力矩限制器是根据起重机起重性能曲线模拟而成的,模拟部件采用线性集成运算放大器,将输出信号按起重性能曲线的规律由指示灯显示出来。当起重负荷在 85%以下时,绿灯亮;85%以上时,黄灯亮;当负荷达 100%时,红灯亮;警铃响,起重机断电停止运行。

(六)制动装置

制动器是起重机重要安全装置,主要安装在运行机构和起升机构上,以便起重机能及时、准确而平稳地停车或保证起吊物静止地悬挂于空间,桥式起重机上采用的制动装置一般都是常闭式的,电动机不通电(机构不工作)时,借助于弹簧并通过制动杠杆的作用,使闸瓦抱住传动轴上的制动轮,机构工作时则打开闸瓦。打开闸瓦的方法,目前采用电磁铁和液压推杆两种。图 5-40 所示为电磁铁制动器外形。液压推杆制动器见图 5-41。电磁铁制动器通电后,推杆向上,通过杠杆系统的作用克服弹簧力,即可将制动器打开。电磁液压推杆是电磁铁与液压推杆两者优点的结合,其动作平稳,寿命较长。

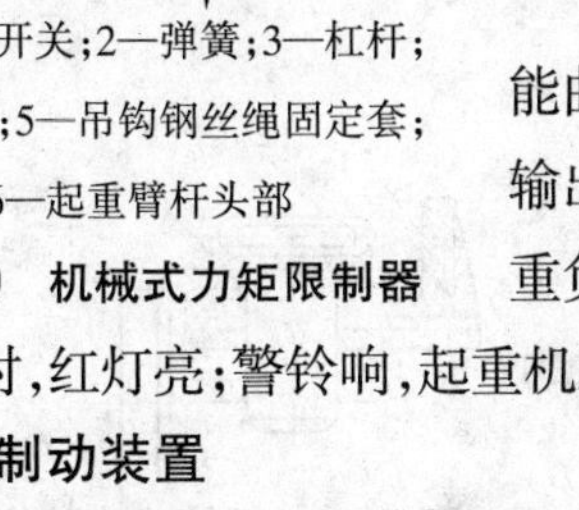
图 5-40 电磁铁制动器外形

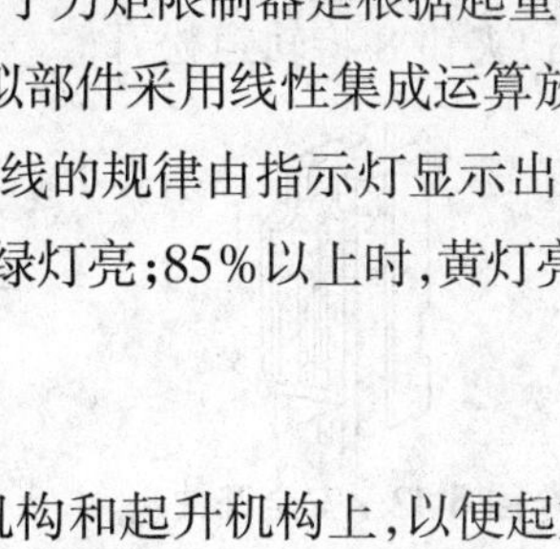

1—制动臂;2—顶杆;3—制动弹簧;
4—角形杠杆;5—电磁液压推杆;6—制动闸瓦

图 5-41 液压推杆制动器

(七)安全开关

安全开关亦称连锁开关,又叫门限位,它是安装在起重机司机室门、扶梯门等处,并控制起重机总电源的安全装置,当这些门被打开时,安全开关能自动切断电源,以防止突然启动、触电、挤压、绞卷、误操作及其他恶性事故发生。安全开关主要采用 L×10、L×6Q 系列。图 5-42 所示为安全开关的外形。

(八)紧急开关

紧急开关是装在起重机驾驶室的重要安全装置。在起重机发生紧急情况时,它可以随时切断总电源。紧急开关外形见图 5-43。

(九)防爬装置

防爬装置(夹轨钳)是安装在桥式起重机、龙门起重机、门座起重机、装卸桥等起重设备上,以防被大风吹动或刮倒的安全装置。主要有插销式、手动式、电动式(电动重锤式)等几种。铁鞋比夹轨钳更好。

插销式防爬装置(见图 5-44)的原理是,在起重机轨道的适当区段,装设钢支架,在起重机不工作时,用插销 2 将钢支架 3 与起重机 1 固定。手动(手轮)电动(电动机)两用夹轨器(见图 5-45)在轨道任何部位都可以夹紧,当丝杆 4 下降后夹轨器将轨道 10 夹紧,丝杆上升后,夹钳 8 将轨道松开。

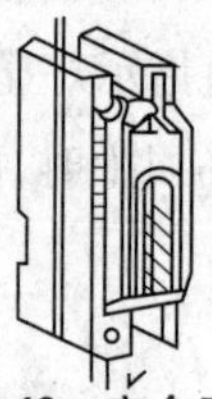

图 5-42　安全开关

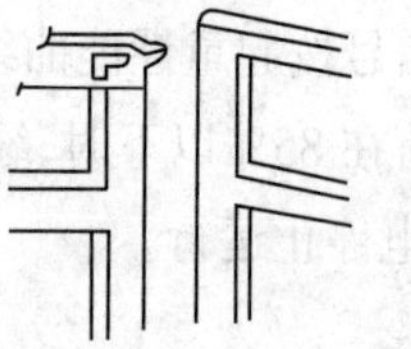

图 5-43　紧急开关

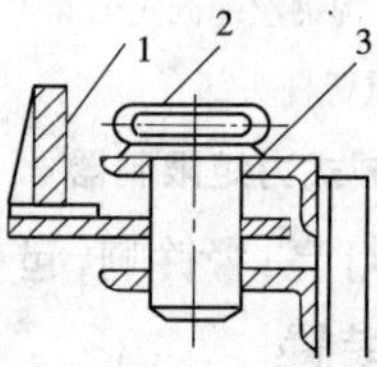

图 5-44　插销式夹轨钳

(十)减振钩

减振钩(见图 5-46)是水爆清砂行车上的一种安全装置,设有采用有线或无线遥控操纵的起重机,吊 2 t 以上负荷应用减振钩,以减少钢丝绳和行车的振动。

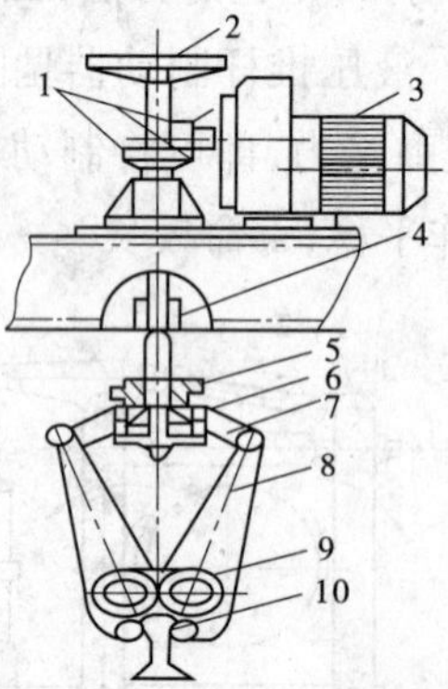

1—锥齿轮;2—手轮;3—电动机;4—丝杆;
5—限位开关触块;6—螺旋弹簧;
7—连杆;8—夹钳;9—闸瓦;10—轨道

图 5-45　手动电动两用夹轨器

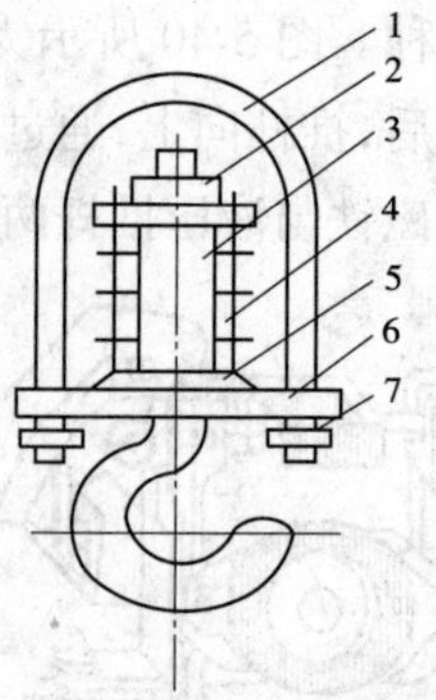

1—吊环;2—螺母;3—吊钩;
4—弹簧;5—定位板;6—底座;
7—螺母

图 5-46　减振钩

第六章　起重指挥挂钩安全技术

第一节　起重挂钩工常用绳结形式

对起重挂钩工来说,了解各种捆绑方法是十分重要的。捆绑即绳索的打结,捆绑好坏的标志,主要是结的是否牢固,是否滑脱。这对起重作业的生产安全是十分重要的。因此,每一个起重挂钩工都必须熟悉与掌握捆绑知识,常见的捆绑方法见表6-1。

表6-1　常见的捆绑方法

绳结名称	形式和特点说明	
扭固结（丁香活结）		此结越拉越紧,适用于桩头和吊运圆形物件
圆材结(重运结、抛材结)		此结用来曳引木头或在装置圆材时,供吊升无头的各种圆形物体
对拔结（交叉型结）	 正确  错	此结用于钢丝绳不够时相接之用
双编结		此结牢固,两端有拉力嵌接绳用
绕式死结圈		此结强力结紧,能紧紧与重物相结合,不容易解开

续表 6-1

绳结名称	形式和特点说明
“8”字形结	
提狗结	
双头圈结(双头罗马结,双套结)	
杠棒结（抬物结）	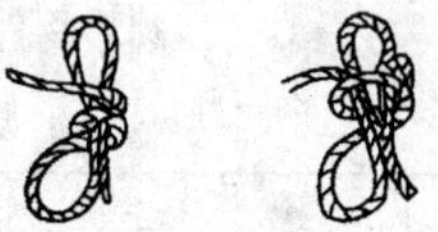 用于水平起吊圆柱形物体绑扎,易绑易拆
单头杠棒结（缩吊索结）	
串脚手板结	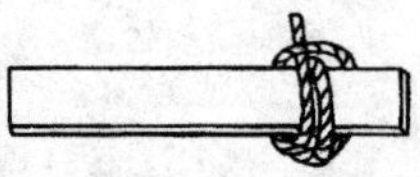
脚手板结	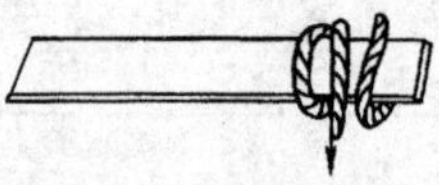
单钩上压结	 硬性钢绳压在钩子上

续表 6-1

绳结名称	形式和特点说明	
猫脚爪		比单钩上压结牢固
双绕压结	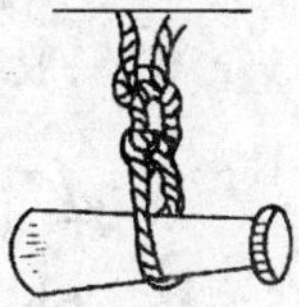	垂直提升，水平拖拉均可使用，灵活方便
小艇结	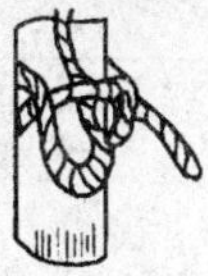	拖进小艇时用，拖其他物件也可用
立桶结	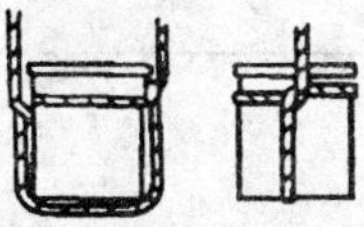	用于圆形物体
绳针结		用于临时性固定，或拔起固定物
绳头结	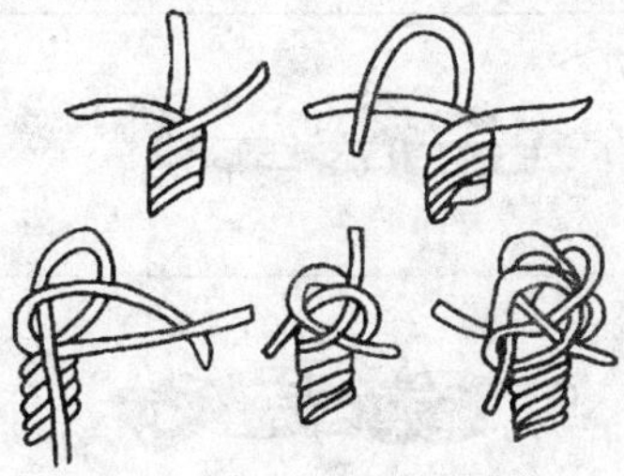	

续表 6-1

绳结名称	形式和特点说明	
绳套（百果头）		在每一股穿过以后，必须抽紧，在各股穿过以后用榔榔紧，使表面平整。完成绳套后，剪去多余部分
绳子短绞接	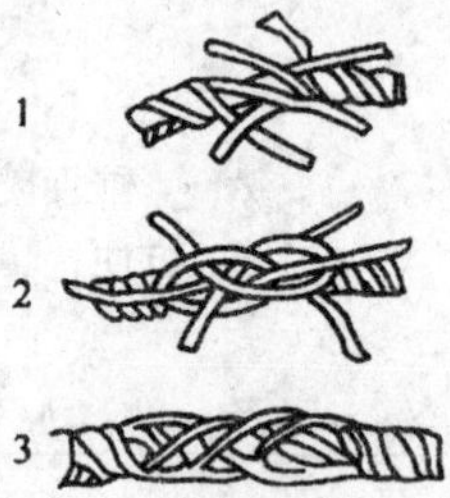	1. 把分散的绳头相互交叉，一股压一股地向对面拉紧 2. 对岔的绳头穿入对面的穿绳股，穿入时，总是穿入一股，压住一股 3. 全部完成绳套，须穿三道以上（3 是完成后的情形）
单头圈结（罗马结、拉结、吊板结）		1. 牢固，易拉紧 2. 不管受力大小，绳圈大小不变 3. 使用方便，解结便当
普通用绳结		牢固，最适用于吊长圆形状物件
死固结		结法简便，适用于吊小长方形物件
倒盘结		绑扎细长杆件
制索结		在植物性绳索的索具上使用

续表 6-1

绳结名称	形式和特点说明
缩短结 油瓶结	 吊装圆柱形物体不易滑脱 
坐身结 （高头结、 水手结）	 

第二节　起重吊运指挥信号

为了确保起重吊运安全，防止发生事故，适应科学管理的需要，国家制定了起重吊运信号。

一、名词术语

通用手势信号——指各种类型的起重机在起重、吊运中普遍适用的指挥手势。

专用手势信号——指具有特殊的起升、变幅、回转机构的起重机单独使用的指挥手势。

吊钩（包括吊环、电磁吸盘、抓斗等）——指空钩以及负有载荷的吊钩起重机。

“前进”或“后退”——“前进”指起重机向指挥人员开来；“后退”指起重机离开指挥人员。

前、后、左、右——在指挥语言中，均以司机所在位置为基准。

音响符号：

“—”表示大于长声符号；

“●”表示小于 1 min 的短声符号；

“○”表示停顿的符号。

二、指挥人员使用的信号

(一)手势信号

1.通用手势信号

(1)“预备”(注意):手臂伸直,置于头上方,五指自然伸开,手心朝前保持不动(见图 6-1)。

(2)“要主钩”:单手自然握拳,置于头上,轻触头顶(见图 6-2)。

(3)“要副钩”:一只手握拳,小臂手心向上不动,另一只手轻伸出,手心轻触前只手的肘关节(见图 6-3)。

(4)“吊钩上升”:小臂向侧上方伸直,五指自然伸开,高于肩部,以腕部为轴转动(见图 6-4)。

图 6-1

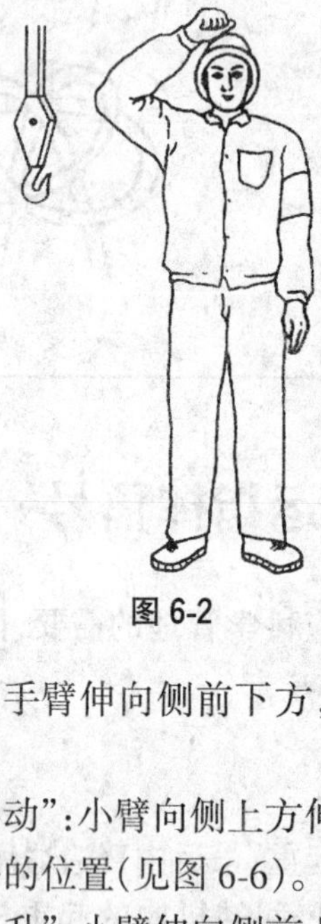

图 6-2

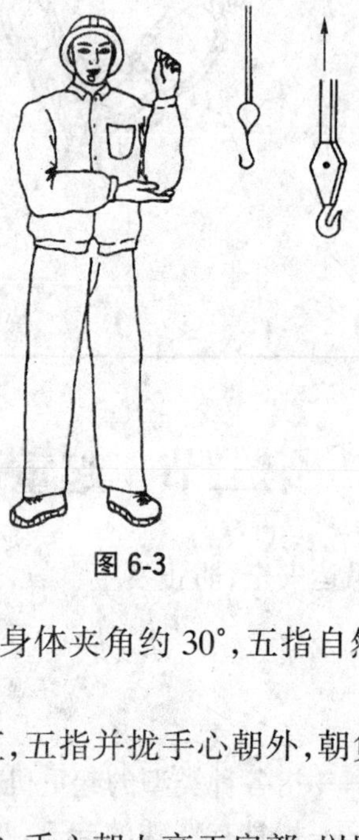

图 6-3

图 6-4

(5)“吊钩下降”:手臂伸向侧前下方,与身体夹角约 30°,五指自然伸开,以腕部为轴转动(见图 6-5)。

(6)“吊钩水平移动”:小臂向侧上方伸直,五指并拢手心朝外,朝负载应运行的方向,向下挥动到与肩相平的位置(见图 6-6)。

(7)“吊钩微微上升”:小臂伸向侧前上方,手心朝上高于肩部,以腕部为轴,重复向上摆动手掌(见图 6-7)。

(8)“吊钩微微下降”:手臂伸向侧前下方,与身体夹角约为 30°,手心朝下,以腕部为轴,重复向下摆动手掌(见图 6-8)。

(9)“吊钩水平微微移动”:小臂向侧上方自然伸出,五指并拢手心朝外,朝负载运行的方向,重复做缓慢的水平运动(见图 6-9)。

(10)“微动范围”:双小臂曲起、伸向一侧,五指伸直,手心相对,其间距与负载所要移动的距离接近(见图 6-10)。

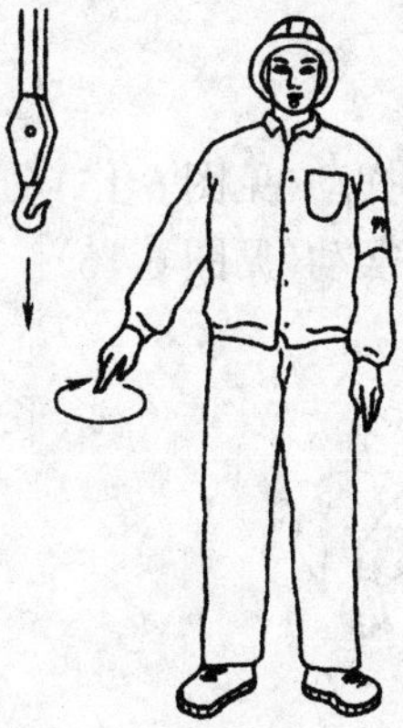

图 6-5

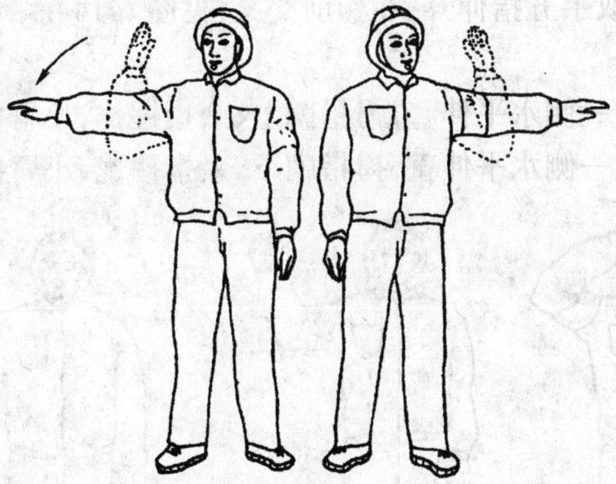

图 6-6

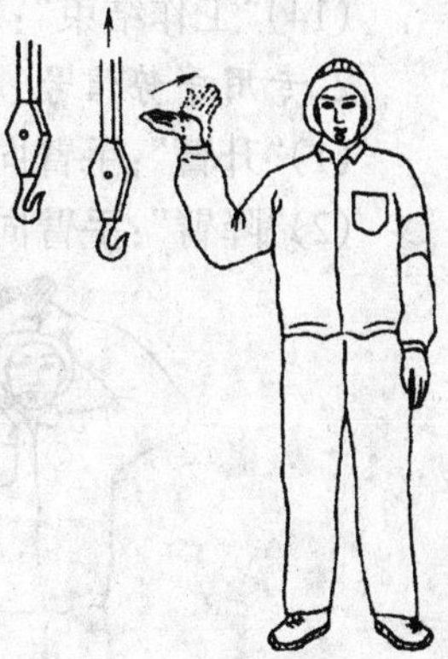

图 6-7

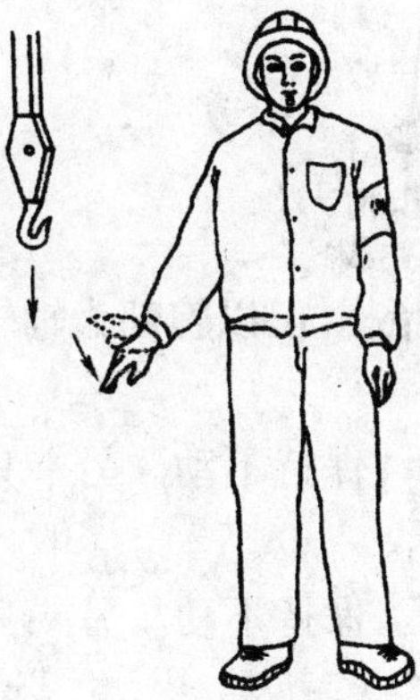

图 6-8

图 6-9

图 6-10

(11)“指示降落方位”:五指伸直,指出负载应降落的位置(见图 6-11)。

(12)“停止”:小臂水平置于胸前,五指伸开,手心朝下,水平挥向一侧(见图 6-12)。

(13)“紧急停止”:两小臂水平置于胸前,五指伸开,手心朝下,同时水平挥向两侧(见图 6-13)。

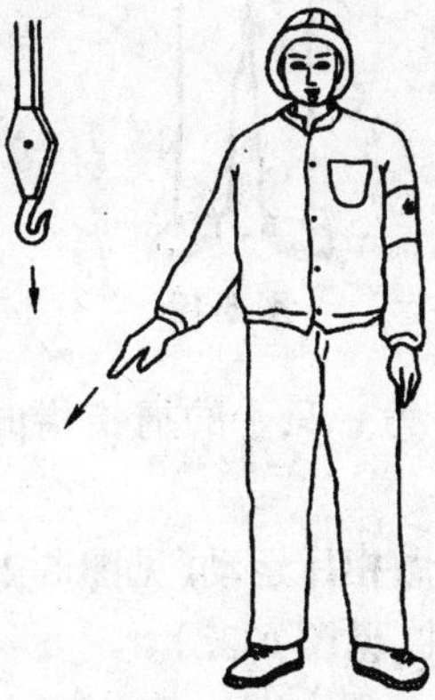

图 6-11

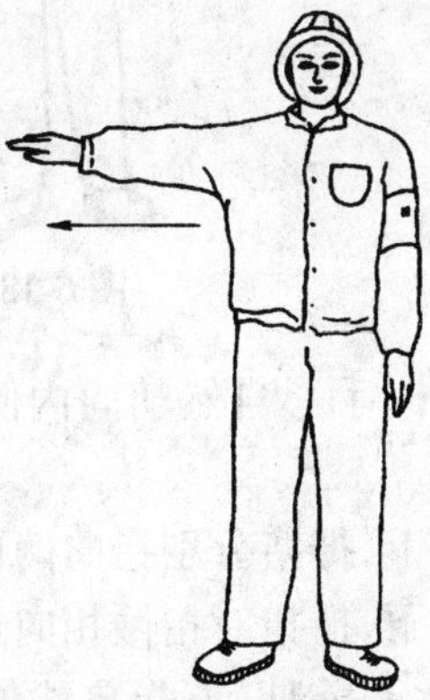

图 6-12

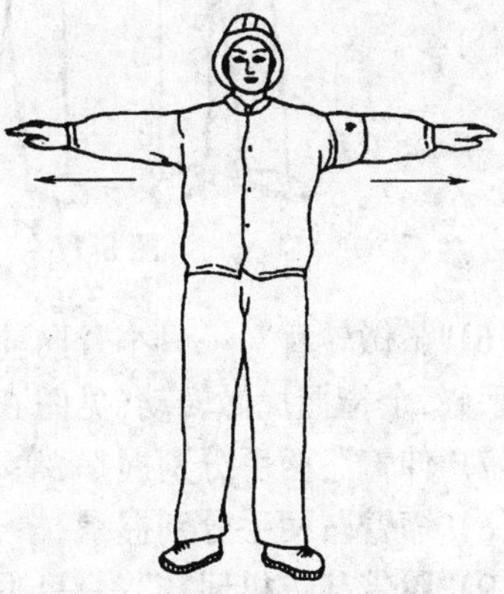

图 6-13

(14)“工作结束”:双手五指伸开,在额前交叉(见图 6-14)。

2. 专用手势信号

(1)“升臂”:手臂向一侧水平伸直,拇指朝上,余指握拢,小臂向上摆动(见图 6-15)。

(2)“降臂”:手臂向一侧水平伸直,拇指朝下,余指握拢,小臂向下摆动(见图 6-16)。

图 6-14

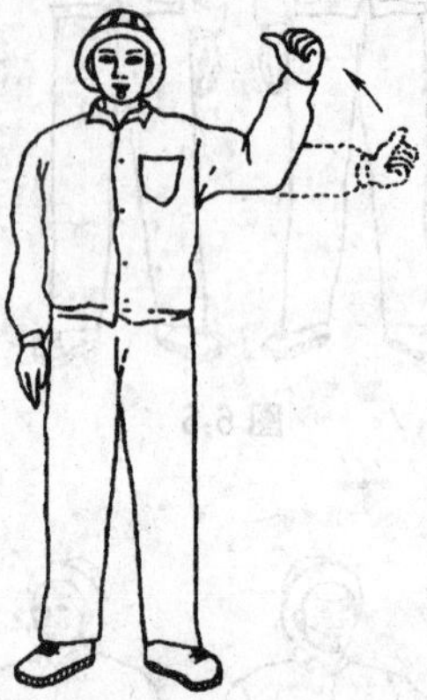

图 6-15

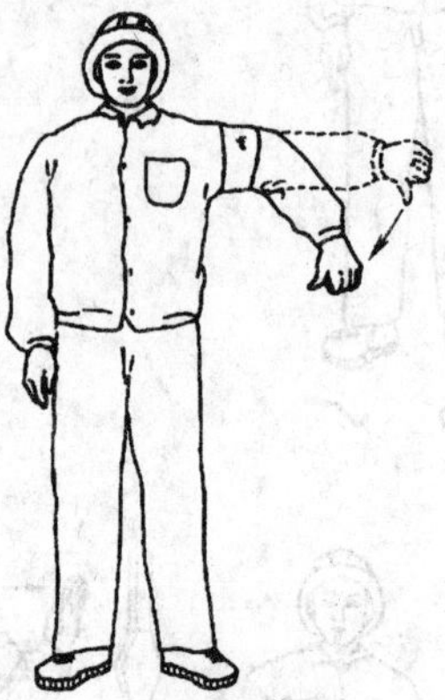

图 6-16

(3)“转臂”:手臂水平伸直,指向应转臂的方向,拇指伸出,余指握拢,以腕部为轴转动(见图 6-17)。

(4)“微微升臂”:一只小臂置于胸前一侧,五指伸直,手心朝下,保持不动。另一只手的拇指对着前手手心,余指握拢,做上下移动(见图 6-18)。

(5)“微微降臂”:一只小臂置于胸前一侧,五指伸直,手心朝上,保持不动。另一只手的拇指对着前手手心,余指握拢,做上下运动(见图 6-19)。

图 6-17

图 6-18

图 6-19

(6)“微微转臂”:一只小臂向前平伸,手心自然朝向内侧。另一只手的拇指指向前只手的手心,余指握拢做转动(见图 6-20)。

(7)“伸臂”:两手分别握拳,拳心朝上,拇指分别指向两侧,做相斥运动(见图 6-21)。

(8)“缩臂”:两手分别握拳,拳心朝下,拇指对指做相向运动(见图 6-22)。

(9)“履带起重机回转”:一只小臂水平前伸,五指自然伸出不动。另一只小臂在胸前做水平重复摆动(见图 6-23)。

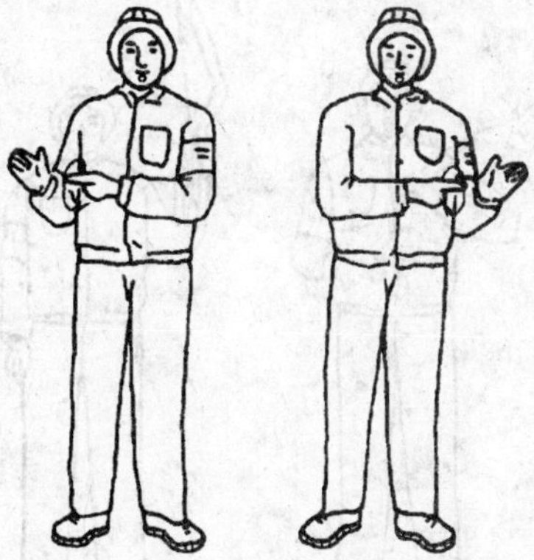

图 6-20

图 6-21

图 6-22

(10)“起重机前进”：双手臂先向前平伸，然后小臂曲起，五指并拢，手心对着自己，做前后运动(见图 6-24)。

(11)“起重机后退”：双小臂向上曲起，五指并拢，手心朝向起重机，做前后运动(见图 6-25)。

图 6-23

图 6-24

图 6-25

(12)“抓取”(吸取)：两小臂分别置于侧前方，手心相对由两侧向中间摆动(见图 6-26)。

(13)“释放”：两小臂分别置于侧前方，手心朝外，两臂分别向两侧摆动(见图 6-27)。

(14)“翻转”：一小臂向前曲起，手心朝上，另一小臂向前伸出，手心朝下。双手同时进行翻转(见图 6-28)。

(二)旗语信号

(1)“预备”：单手持红绿旗上举(见图 6-29)。

(2)“要主钩”：单手持红绿旗，旗头轻触头顶(见图 6-30)。

(3)“要副钩”：一只手握拳，小臂向上不动，另一只手拢红绿旗，旗头轻触前只手的肘关节(见图 6-31)。

(4)“吊钩上升”：绿旗上举，红旗自然放下(见图 6-32)。

(5)“吊钩下降”：绿旗拢起下指，红旗自然放下(见图 6-33)。

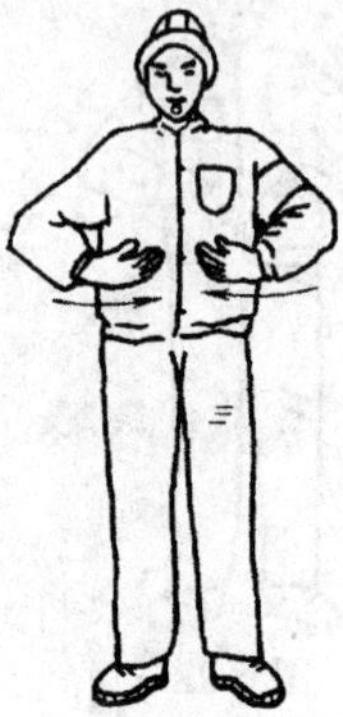

图 6-26

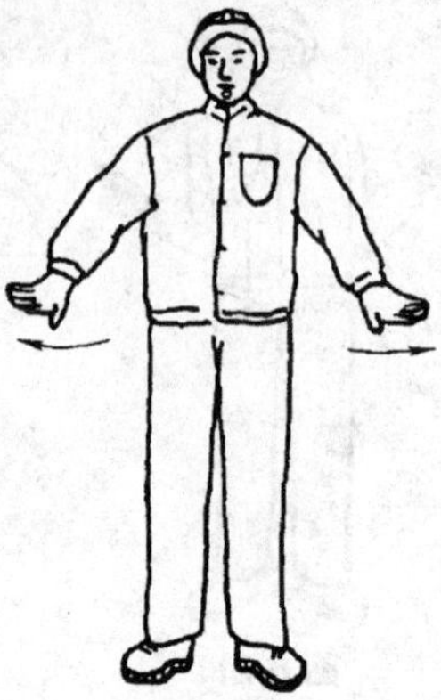

图 6-27

图 6-28

图 6-29

图 6-30

图 6-31

图 6-32

图 6-33

(6)“吊钩微微上升”:绿旗上举,红旗拢起横在绿旗上,互相垂直(见图 6-34)。

(7)“吊钩微微下降”:绿旗拢起下指,红旗横在绿旗下,互相垂直(见图 6-35)。

(8)“升臂”:红旗上举,绿旗自然放下(见图 6-36)。

(9)“降臂”:红旗拢起下指,绿旗自然放下(见图 6-37)。

图 6-34

图 6-35

图 6-36

图 6-37

（10）“转臂”：红旗拢起，水平指向应转臂的方向（见图 6-38）。

（11）“微微升臂”：红旗上举，绿旗拢起横在红旗上，互相垂直（见图 6-39）。

（12）“微微降臂”：红旗拢起下指，绿旗横在红旗下，互相垂直（见图 6-40）。

图 6-38

图 6-39

图 6-40

（13）“微微转臂”：红旗拢起，横在腹前，指向应转臂的方向；绿旗拢起，竖在红旗前，互相垂直（见图 6-41）。

（14）“伸臂”：两旗分别拢起，横在两侧，旗头外指（见图 6-42）。

（15）“缩臂”：两旗分别拢起，横在胸前，旗头对指（见图 6-43）。

图 6-41

图 6-42

图 6-43

（16）“微动范围”：两手分别拢旗，伸向一侧，其间距与负载所要移动的距离接近（见图 6-44）。

（17）“指示降落方位”：单手拢绿旗，指向负载应降落的位置，旗头进行转动（见图 6-45）。

（18）“履带起重机回转”：一只手拢旗，水平指向侧前方，另只手持旗，水平重复挥动（见图 6-46）。

（19）“起重机前进”：两旗分别拢起，向前上方伸出，旗头由前上方向后摆动（见图 6-47）。

（20）“起重机后退”：两旗分别拢起，向前伸出，旗头由前方向下摆动（见图 6-48）。

（21）“停止”：单旗左右摆动，另外一面旗自然放下（见图 6-49）。

（22）“紧急停止”：双手分别持旗，同时左右摆动（见图 6-50）。

（23）“工作结束”：两旗拢起，在额前交叉（见图 6-51）。

图 6-44

图 6-45

图 6-46

图 6-47

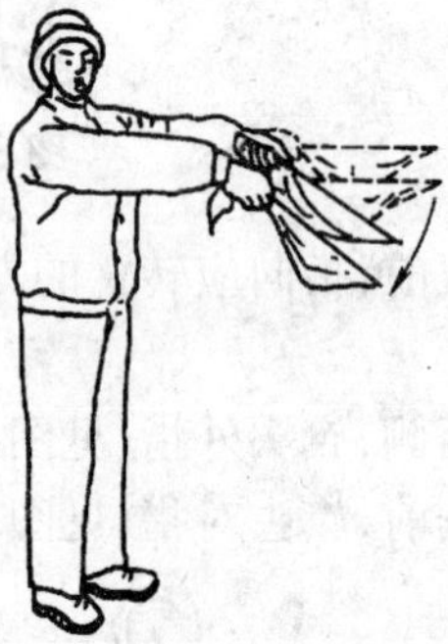

图 6-48

图 6-49

图 6-50

图 6-51

(三)音响信号

1.“预备”、“停止”

一长声:—

2.“上升”

二短声:●●

3."下降"

三短声:●●●

4."微动"

继续短声:●○●○●○●

5."紧急停止"

急促的长声:————

(四)起重吊运指挥语言

1.开始、停止工作的语言(见表6-2)

表6-2 开始、停止工作的语言

起重机的状态	指挥语言
开始工作	开始
停止和紧急停车	停
工作结束	结束

2.吊钩移动语言(见表6-3)

表6-3 吊钩移动语言

吊钩的移动	指挥语言	吊钩的移动	指挥语言
正常上升	上升	正常向后	向后
微微上升	上升一点	微微向后	向后一点
正常下降	下降	正常向右	向右
微微下降	下降一点	微微向右	向右一点
正常向前	向前	正常向左	向左
微微向前	向前一点	微微向左	向左一点

3.转台回转语言(见表6-4)

表6-4 转台回转语言

转台的回转	指挥语言	转台的回转	指挥语言
正常右转	右转	正常左转	左转
微微右转	右转一点	微微左转	左转一点

4.臂架移动语言(见表6-5)

(五)司机使用的音响信号

1."明白"——服从指挥

一短声:●

2.“重复”——请示重新发出信号

二短声:●●

3.“注意”

长声:————

表 6-5　臂架移动语言

臂架的移动	指挥语言	臂架的移动	指挥语言
正常伸长	伸长	正常升臂	升臂
微微伸长	伸长一点	微微升臂	升一点臂
正常缩回	缩回	正常降臂	降臂
微微缩回	缩回一点	微微降臂	降一点臂

第三节　起重作业安全技术操作规程

一、起重指挥人员安全操作规程

(1)吊运指挥必须为18周岁以上(含18周岁),视力(包括矫正视力)在0.8以上,无色盲症,听力能满足工作条件的要求,身体健康者。

(2)必须经安全技术培训,考核合格、并发给安全操作证后,方可从事指挥。

(3)指挥人员必须严格执行GB 5082—85标准,与起重机械司机联络时做到准确无误。

(4)指挥人员应熟知《起重机械安全规程》(GB 6067—85)和《起重机械吊具与索具安全规程》(LD 48—93)。

(5)指挥人员对所指定的起重机械,必须熟悉技术性能后方可指挥。

(6)指挥人员不能干涉起重机司机的正确选择。

(7)负责载荷的重量计算和索具的正确选择。

(8)指挥人员负责对可能出现的事故采取必要的防范措施。

(9)指挥人员应佩戴鲜明的标志和特殊颜色的安全帽。

(10)指挥人员在发出吊钩或负载下降信号指挥时,应有保护在降落地点的人身、设备安全措施。

(11)在开始指挥起吊负载时,用微动信号指挥,待负载离开地面100～200 mm时,停止起升,进行试吊,确认安全可靠后,方可用正常起升信号指挥上升。

(12)指挥起重机在雨雪天气作业时,应先经过试吊,检验制动器灵敏可靠后,方可进行正常的起吊作业。

(13)在高处指挥时,指挥人员应严格遵守高处作业安全要求。

(14)指挥人员选择指挥位置时:①应保证与起重机司机之间视线清楚;②在所指定的区域内,应能清楚地看到负载;③指挥人员应与被吊物体保持安全距离;④当指挥人员不能同时看见起重机司机和负载时，站到能看见起重机司机的一侧，并增设中间指挥人员传递信号。

二、司索人员安全操作规程

(1)作业前，应穿戴好安全帽及其他防护用品。

(2)根据吊重物件的具体情况选择相适应的吊具与索具。

(3)作业前应对吊具与索具进行检查后方可投入使用。

(4)起升重物前，应检查连接点是否牢固可靠。

(5)吊具承载时不得超过额定起重量，吊索(含各分支)不得超过安全工作载荷(含高低温、腐蚀等特殊工况)。

(6)作业中不得损坏吊件、吊具与索具，必要时应在吊件与吊索的接触处加保护衬垫。

(7)起重机吊钩的吊点应与吊物重心在同一条铅垂线上，使吊重处于稳定平衡状态。

(8)禁止司索或其他人员站在吊物上一同起吊，严禁司索人员停留在吊重下。

(9)起吊重物时，司索人员应与重物保持一定的安全距离。

(10)应做到经常清理作业现场，保持道路畅通无阻。

(11)听从指挥人员的指挥，发现不安全情况时，及时通知指挥人员。

(12)经常保养吊具、索具，确保使用安全可靠，延长使用寿命。

(13)在高空作业时，应严格遵守高空作业的安全要求。

(14)捆绑后留出的绳头，必须紧绕在吊钩或吊具上，防止吊物移动时，挂住沿途人员或物件。

(15)吊运成批零散物件，必须使用专门吊篮、吊斗等器具，同时吊运两件以上重物，要保持平衡，不得互相碰撞。

(16)吊重物就位前，要垫好衬木，不规则物体要加支撑，保持平衡，不得将物件压在电气线路和管道上面，或堵塞通道，物件堆放要整齐平稳。

(17)卸往运输车辆上的吊物，要注意观察重心是否平稳，确认不至于倾倒时，方可松绑卸物。

(18)吊运化学危险物品，要严格遵守国务院颁布的《危险化学品安全管理条例》有关规定。

(19)工作结束后，所使用的索具、吊具应放置在规定的地点，加强维护保养，达到报废标准的吊具、索具要及时更换。

参考文献

[1] 王还枝.起重安全技术[M].北京:化学工业出版社,2004.

[2] SH/T 3515—2003.大型设备吊装工程施工工艺标准[S].

[3] 朱兆华,罗顶瑞.起重工安全技术[M].北京:化学工业出版社,2005.

[4] 黄璟一.起重工[M].北京:化学工业出版社,2001.

[5] 樊兆馥.重型设备吊装手册[M].北京:冶金工业出版社,2001.

[6] 杨文渊.起重吊装常用数据手册[M].北京:人民交通出版社,2002.

[7] 蔡裕民.吊装工艺计算近似公式及应用[M].北京:化学工业出版社,2004.

[8] 机械工业职业教育研究中心.起重工技能实战训练[M].北京:机械工业出版社,2004.

[9] 华晔.起重工[M].北京:化学工业出版社,2005.

[10] 吴洪生.起重工技能实战训练(入门版)[M].北京:机械工业出版社,2004.

[11] 陈天本.搁式组合拱桥[M].北京:人民交通出版社,2001.

[12] 刘佩衡.塔式起重机使用手册[M].北京:机械工业出版社,2002.

[13] 宋学敏.起重机械[M].北京:机械工业出版社,2003.

[14] 何焯.设备起重吊装工程便携手册[M].北京:机械工业出版社,2002.

[15] 朱骏.超高层建筑结构顶端之桅杆安装方法[J].建筑施工,2001(3).

[16] 郑德宝,王学智.起重工技能实战训练(提高版)[M].北京:机械工业出版社,2004.

[17] 于仁燕,王经安.起重工操作技术要领图解[M].济南:山东科学技术出版社,2006.

[18] 河南省建设厅.建筑起重设备安全操作实用技术[M].郑州:黄河水利出版社,2006.